Dix grandes notions de la sociologie

Ouvrages de Jean Cazeneuve

Cabanis, *PUF, 1956, 2 vol.*
(en collaboration avec C. Lehec)

Les dieux dansent à Cibola, *Gallimard, 1957*

Les rites et la condition humaine, *PUF, 1957*

La philosophie médicale de Ravaisson, *PUF, 1957*

La mentalité archaïque, *A. Colin, 1961*
(traduit en espagnol)

Sociologie de la radio-télévision, *PUF, 1963, 3e éd. 1974*
(traduit en espagnol, en grec, en hongrois, en italien, en japonais, en portugais, en serbo-croate, en coreen)

L'esprit, le soi, la société, *PUF, 1963*
(traduction, en collaboration avec Thibault et Kaelin, de G. H. Mead)

Lévy-Bruhl, *PUF, 1963*
(traduit en anglais)

La grande chance de la télévision, *Calmann-Lévy, 1963*
(en collaboration avec J. Oulif) (traduit en hongrois)

Les mythologies, *Hachette, 1966*

Bonheur et civilisation, *Gallimard, 1966*
(traduit en espagnol, en portugais, en serbo-croate)

L'ethnologie, *Larousse-Livre de poche, 1967*
(traduit en iranien)

L'anglais dans le premier cycle, *A. Colin, 1967*
(en collaboration avec Adamczewski, Boulle et Jacques)

Sociologie de Marcel Mauss, « Le sociologue », *PUF, 1968*
(traduit en espagnol, en italien)

Mauss, « Philosophe », *PUF, 1968*

Les pouvoirs de la télévision, *Gallimard, 1970*
(traduit en grec, en italien, en serbo-croate)

Sociologie du rite, *PUF, 1971*
(traduit en espagnol, en italien, en japonais)

Guide de l'étudiant en sociologie, *PUF, 1971*
(en collaboration avec Akoun et Balle)
(traduit en espagnol)

La sociologie, *Denoël, 1970, 1 vol. et Marabout, 1972, 3 vol.*
(en collaboration avec D. Victoroff) (traduit en espagnol)

La société de l'ubiquité, *Denoël, 1972*
(traduit en italien, en iranien)

L'homme téléspectateur, *Denoël, 1974*
(traduit en italien)

La sociologie et les sciences de la société, *Retz, 1974*

Les communications de masse, *Denoël, 1976*

Aimer la vie, *Le Centurion, 1977*

Des métiers pour un sociologue, *France Empire, 1978*

Jean Cazeneuve
membre de l'Institut

Dix grandes notions de la sociologie

Éditions du Seuil

ISBN 2-02-004466-8.

Avant-propos

Science à la fois en crise et en progrès constants, la sociologie peut s'inscrire et s'énoncer dans différentes sortes de discours, qui peuvent être historiques, discursifs ou systématiques. On peut aussi choisir d'en grouper les résultats ou les problématiques autour des noms des grands sociologues.

Le parti a été pris ici de classer certaines données de la sociologie à partir de quelques concepts qui paraissent fondamentaux.

Il va de soi que d'autres choix auraient pu être faits, et que l'on ne saurait prétendre couvrir de cette manière tout le champ de la discipline. Il s'agit donc, ici, de donner quelques coups de phare sur un paysage complexe, et surtout de faire le point de quelques connaissances, de grouper les points de vue, afin de clarifier les notions ainsi mises en évidence.

Le progrès de la sociologie et ses incertitudes critiques, auxquels nous faisons allusion dès l'abord, se reflètent probablement avec une netteté particulière dans l'évolution même des sens attachés aux mots essentiels. Aussi bien, lorsqu'on évoque et met en cause ceux-ci, est-ce l'occasion de rappeler quelques théories et prises de position qui en montrent les avatars. La sociologie, plus peut-être que d'autres sciences, et probablement parce qu'elle n'est pas une science à la manière des autres, a un besoin urgent de clarification dans son vocabulaire. Tout au moins, lorsqu'un de ses concepts reste encore équivoque, est-il nécessaire que cela soit dit?

Les notions qui font la trame de ce volume peuvent se classer en deux groupes. Les premières servent à aborder la connaissance des sociétés dans leur ensemble. A ce titre, nous avons retenu comme principaux centres d'intérêt celles qui se rapportent à l'organisation des sociétés globales, à leur état de civilisation, celles qui permettent de classer les sociétés et les phénomènes sociaux en les référant à des types et, pour marquer l'articulation entre la sociologie et l'ethnographie, nous avons ajouté une étude plus particulière sur les sociétés archaïques, car en général la première classification est celle qui sépare celles-ci des sociétés dites historiques. Et nous terminons cette première partie par une étude sur la notion d'évolutionnisme, puisque la question primordiale est de savoir si entre les divers types de société il y a simple dispersion ou succession aléatoire ou bien s'il y a un lien évolutif.

Les notions réunies dans la seconde partie de ce livre concernent le fonctionnement des sociétés, leur aspect synchronique ou diachronique, avec les cloisonnements et points de passage, les permanences et les changements. Ces éléments contrastés de l'existence collective conduisent à mettre l'accent sur les rôles et les statuts, sur les classes et les strates sociales et enfin sur la mobilité sociale. En d'autres termes, cette seconde partie tend à montrer comment les individus s'insèrent dans des groupes, comment les catégories sociales se situent les unes par rapport aux autres et comment les positions occupées par les individus ou les groupes peuvent se modifier. On a donc là l'indispensable complément des classifications établies dans la première partie.

Certes, comme nous l'avons dit, il ne peut s'agir ici que d'une sélection parmi les concepts fondamentaux de la sociologie. Un autre choix eût été possible et se justifierait sans peine. Mais les notions constituent, dans leur ensemble, une sorte de quadrillage de la réalité sociale telle qu'elle existe et se transforme.

A propos de chacun des termes, nous avons souhaité présenter à la fois une mise au point sur le sens ou les sens qui nous semblent les plus utiles et un panorama des principales recherches ou théories qui ont fait progresser la connaissance dans le domaine évoqué.

Et si un souci majeur a pu orienter la construction de cet ouvrage à partir de dix notions, c'est peut-être moins celui d'être complet que celui de trouver une armature à l'intérieur de laquelle, ensuite, pourraient se situer d'autres concepts dont la place serait, pour ainsi dire, marquée d'avance.

La première partie, consacrée à des termes qui s'appliquent aux aspects les plus généraux des sociétés, et aux principes de classification, aurait pu être complétée par d'autres analyses portant notamment sur les notions de culture, d'historicité, mais il est clair qu'on en trouve l'écho lorsqu'il est question des distinctions entre civilisation et culture ou entre société archaïque et société prométhéenne.

Quant à la seconde partie, elle repose sur des concepts qui sont imbriqués les uns dans les autres. Les classes et strates ne peuvent être définies que si l'on sait déjà ce que sont les rôles et les statuts, et la mobilité sociale n'est comprise que si l'on sait ce qui peut être mobile et par rapport à quelles échelles.

1

Les sociétés

1
Organisation sociale

L'expression « organisation sociale » a plus d'un sens et fait l'objet de discussions entre les sociologues eux-mêmes. Ceux-ci, en outre, n'en donnent pas toujours la même signification que les anthropologues, plus portés à limiter la notion d'organisation en l'identifiant à la structure. Si l'on s'en tient à la signification généralement retenue en sociologie, l'organisation sociale s'applique à la fois à des phénomènes structurels et culturels. Il s'agit d'un arrangement d'ensemble, d'une combinatoire de plusieurs éléments (individus ou groupes par exemple) dans la mesure où cet arrangement et cette combinatoire constituent eux-mêmes une unité identifiable possédant des caractères propres, autres que la somme des caractères de ses éléments constituants. L'organisation sociale peut être variable mais doit toujours offrir une certaine stabilité.

Aussi importe-t-il de distinguer les problèmes spécifiques de l'organisation sociale de ceux de l'organisation au sens large. Le substantif, seul, désigne plutôt le fonctionnement même des unités structurelles, leur genèse, les lois de leur apparition. Depuis que Max Weber a ouvert la voie par ses célèbres travaux sur l'organisation bureaucratique, on ne compte plus les études consacrées aux lois qui régissent les organisations et surtout à leur efficacité dans la vie administrative.

L'organisation ainsi entendue n'est pas un concept totalement indépendant de la notion d'organisation sociale.

Mais il est d'ordre plus théorique et il est aussi plus spécifique, puisqu'en définitive l'organisation sociale comprend tous les cadres sociaux quelles que soient leur fonction ou leur taille.

Les sociologues préfèrent souvent la notion d'organisation sociale à celle de structure sociale, parce que cette dernière est fort imprécise, et surtout parce qu'elle a été jusqu'ici le prétexte et le lieu d'affrontements entre des théories opposées. Par ailleurs, il faut maintenir entre organisation et structure une distinction sur laquelle Georges Gurvitch a fortement insisté. Selon lui, les organisations constituent des paliers de la réalité sociale, de sorte que les groupes et les sociétés globales (tribus, nations) ne s'expriment jamais entièrement dans des organisations, et peuvent être fortement structurés sans être à proprement parler organisés. La structure a un caractère plus « tendu » et « précaire » que l'organisation à laquelle elle sert de base indispensable.

L'organisation sociale a fait l'objet de deux sortes d'études, les unes de classification typologique, les autres visant davantage à en étudier le fonctionnement ou l'évolution et à expliquer comment les éléments s'imbriquent les uns dans les autres pour concourir au fonctionnement de l'ensemble.

1. Les formes et les espèces d'organisations

I. SOCIÉTÉS GLOBALES

C'est le classement des sociétés globales qui commande tous les autres, non seulement parce qu'il porte sur les organisations englobant les autres au plus haut niveau, mais aussi parce que la nature même de ces sociétés implique à la fois des agencements différents et des unités différentes suivant leurs types. Les autres formes d'organisation (famille, gouvernement, etc.) en effet varient grandement suivant les sociétés globales qui leur servent de cadres. La société globale conçue comme l'organisation la plus vaste, ce peut être d'abord la civilisation, si l'on entend par ce terme, comme le faisait Mauss, des ensembles supranationaux. C'est ainsi qu'on peut parler, comme nous le verrons, d'une civilisation hellénique ou d'une civilisation chrétienne. Mais l'organisation sociale, dans ces cas, n'apparaît pas nettement, car l'aspect culturel l'emporte de trop loin sur l'aspect structurel.

Aussi est-ce surtout à partir des organisations politiques, plus structurées, que l'on classe généralement les sociétés globales.

On peut effectuer une première grande distinction entre, d'une part, les sociétés archaïques dont s'occupent particulièrement les ethnographes et, d'autre part, les sociétés dites historiques ou « prométhéennes ».

Les sociétés globales ayant dépassé le stade archaïque se présentent, pour la plupart, sous la forme de nations. Marcel Mauss proposait d'établir parmi les sociétés qu'il appelait « intégrées », c'est-à-dire ayant plus ou moins résorbé les clans et les groupes politico-familiaux, une distinction entre les peuples et les nations à proprement parler, de la même façon qu'Aristote faisait une différence entre les peuples (ethnè) et les cités. Chez les premiers, l'existence d'une organisation centrale n'empêche pas que certaines parties puissent être détachées de l'ensemble ou profondément modifiées. Comme exemple de cette organisation globale intermédiaire entre la tribu et la nation, Mauss cite les sociétés préhelléniques et, plus près de nous dans le temps, au siècle dernier, les pays de droit musulman, chinois, hindou ou malais. Les empires trop vastes, pas assez structurés pour être totalement intégrés, font partie de cette catégorie. Quant aux nations proprement dites, qui représentent la forme la plus moderne des sociétés globales, Mauss les définit comme des sociétés matériellement et moralement intégrées « à pouvoir central stable, permanent, à frontières déterminées, à relative unité morale, mentale et culturelle des habitants qui adhèrent consciemment à l'État et à ses lois ». Une nation, selon cette conception assez restrictive, doit en outre avoir des frontières territoriales bien délimitées et présenter une certaine unité économique.

Comment établir une typologie qui ait quelque valeur opératoire lorsqu'il s'agit de nations? Une typologie doit d'une part être applicable aux réalités, ce qui suppose qu'elle tienne compte des exemples historiques, et, d'autre part, présenter une certaine cohérence interne, ce qui revient à dire qu'il s'agit aussi de types construits sinon de types idéaux [1]. Pour cette raison, la plupart des typologies qui ont été proposées sont en partie évolutionnistes, car elles prennent pour guide la succession historique, ou tendent à se fonder sur un caractère déterminant, à partir duquel on pourrait construire, pour chaque étape, le type d'organisation globale correspondant. Ainsi, pour Marx, c'est l'organisation économique et celle des rapports de production qui permettent de comprendre, dans les différents contextes historiques successifs, les autres aspects des sociétés globales, même s'il s'agit là d'une implication dialectique et non d'un système déterministe à sens unique.

La typologie proposée par Georges Gurvitch a le mérite de se référer directement à un ensemble de critères permettant d'identifier les structures essentielles qui s'expriment dans les organisations des sociétés globales. Aussi se réfère-t-il avant tout à la manière dont les organisations

1. Cf. dans le chapitre 4 « Typologie » : la typologie de Max Weber.

partielles (groupes, classes) s'insèrent dans l'organisation d'ensemble qui, ainsi, établit entre elles des hiérarchies.

Les sociétés féodales présentent ainsi une organisation caractérisée par différentes hiérarchies en compétition : celle des groupements militaires sur la base de l'hommage vassalique, celle des groupements patrimoniaux, celle de l'État monarchique, celle de l'Église et la fédération des villes affranchies, avec leurs groupements corporatifs. Si l'on suit cette typologie dans le sens du déroulement chronologique en Europe occidentale, on trouve ensuite, ainsi qu'on le verra d'autre part, les sociétés globales donnant naissance aux premiers stades du capitalisme dans des organisations où l'État monarchique fait alliance avec la bourgeoisie des villes et la noblesse de robe; puis les sociétés démocratico-libérales correspondant au capitalisme concurrentiel développé, où les organisations économiques sont mal dominées par un État qui tend à faire prévaloir le législatif sur l'exécutif. On arrive ainsi à la période contemporaine, dans laquelle Gurvitch distingue quatre types de sociétés globales : la société dirigiste correspondant au capitalisme pleinement développé; la société technobureaucratique à régime autoritaire; la société planifiée selon les principes de l'étatisme collectiviste centralisateur; et la société planifiée selon les principes du collectivisme pluraliste décentralisateur.

II. GROUPES ET GROUPEMENTS

La société globale est une organisation dans laquelle le sociologue distingue d'autres organisations qui lui sont plus ou moins subordonnées et qui sont saisies par lui, d'une manière générale, comme des groupes. Certains de ces groupes, ceux d'ordre professionnel ou économique notamment, peuvent d'ailleurs s'intégrer dans des ensembles ou groupements débordant les frontières des nations. C'est le cas, par exemple, des grandes firmes internationales aujourd'hui. De même les groupes religieux peuvent être liés à des organisations, des Églises qui ne sont pas limitées par les sociétés globales. Il y a par contre des groupes qui sont par nature de taille plus réduite, comme les associations régionales ou les organismes locaux et municipaux. La famille enfin est un groupe « primaire » qui est souvent considéré comme la cellule sociale par excellence. Les groupes sont plus ou moins structurés et organisés : certains le sont par essence, d'autres, plus ou moins structurables, ne s'organisent que dans certaines circonstances. C'est le cas, par exemple, des classes sociales.

On a proposé divers critères pour classer les groupes : taille, durée, mode de recrutement et d'accès, degré d'unité, etc. Mais, par rapport au système des organisations, il est souvent bon de prendre d'abord en considération la fonction. C'est ainsi qu'on a pu distinguer les groupes ou groupements professionnels, économiques, religieux, politiques, artistiques, etc.

Bien que n'abordant pas la question sous cet angle, la typologie d'A. Etzioni est souvent citée. Etzioni commence par distinguer trois types d'autorité possibles dans les structures des groupes et groupements : coercitive (par exemple dans l'organisation militaire), rémunérative (dans les entreprises économiques modernes) ou normative (fondée sur les récompenses d'estime et de prestige). Il peut y avoir des types mixtes ou moyens. L'équipage d'un navire marchand par exemple constitue une organisation rémunérative et coercitive.

On peut d'autre part classer les organisations d'après les types de modalités d'intégration, qui peuvent être caractérisées par l'aliénation (intégration, dans l'hostilité ou dans l'abandon de la personnalité), par la discipline ou par la participation. En combinant la typologie fondée sur l'autorité et celle relative à l'intégration, on obtient neuf types d'organisation, les types les plus fréquents étant les combinaisons coercition-aliénation, rémunération-discipline et norme-participation.

Etzioni estime également que les buts impliquent, dans les systèmes d'organisation, certaines associations de caractères particulièrement typiques. Les desseins d'ordre public, par exemple, soutiennent souvent l'activité de groupements où dominent la coercition et l'aliénation. Mais Henri Janne, reprenant ces indications, ajoute que l'évolution démocratique tend à associer ces desseins à des organisations de type coercitif-participateur. Les buts économiques favorisent la prédominance de la rémunération et de la discipline, mais avec parfois, dans les cas où le travail et la consommation sont conditionnés, une évolution vers la rémunération-aliénation, et inversement, selon le même auteur, une tendance vers la rémunération-participation lorsqu'il y a une prise de conscience de la réalité sociale et lorsque prévalent dans le groupement économique des valeurs démocratiques et personnalistes. Quant aux finalités culturelles, elles suscitent plutôt des organisations du type normatif-participateur.

Il faut, d'autre part, signaler que certaines organisations peuvent être plurifonctionnelles. C'est d'abord le cas de la famille. C'est également celui de certaines institutions administratives comme les conseils municipaux. Dans ce dernier cas, l'organisation est souvent structurée de manière à assurer une certaine spécialisation visible dans la structure : ainsi le maire est souvent assisté d'adjoints chargés chacun d'un domaine particulier (voirie, affaires culturelles, etc.). On voit que toutes les typologies sont nécessairement complexes si elles veulent refléter la réalité.

2. Évolution et fonctionnement

I. GENÈSE DE L'ORGANISATION SOCIALE

La plupart des théoriciens ont longtemps cherché à expliquer l'organisation sociale en général à partir d'un état inorganisé qui aurait été celui de la horde ou bien celui de l'anarchie primaire. Durkheim a ainsi envisagé la horde comme l'élément originel qui, en se composant avec lui-même, aurait donné naissance à la société la plus simple possible, à savoir la tribu formée de deux clans semblables, constituée par la jonction de deux hordes en une unité qui les coordonnerait et les rendrait complémentaires.

Freud également, mais d'un tout autre point de vue, fait remonter la culture humaine à l'apparition d'une organisation totémique succédant à la horde primitive. Mais celle-ci est alors présentée, à l'image des groupes d'anthropoïdes, comme un ensemble relativement structuré par l'autorité d'un patriarche. Le début de la culture humaine résulterait de l'apparition d'une réglementation exogamique et d'une conscience collective. De son côté, Jean-Jacques Rousseau, à qui Durkheim doit plus que Freud, se réfère plutôt à un état de nature, suivi d'une organisation primaire lorsque la recherche du bien-être et les premières découvertes techniques imposent des formes élémentaires de coopération. C'est ensuite seulement, avec l'invention de l'agriculture et de la métallurgie, qu'apparaissent les inégalités et les hiérarchies sociales engendrées par le système de la propriété. Seul un contrat social peut permettre de faire triompher la volonté générale.

L'hypothèse de Hobbes est différente, puisqu'il imagine

que l'état de nature — celui qui théoriquement aurait précédé l'organisation sociale — ne pourrait être caractérisé que par la lutte de tous contre tous et le droit du plus fort. Et c'est, selon l'auteur du *Léviathan,* grâce à un contrat imposé par l'intérêt bien compris, que la société peut, ensuite, être organisée.

II. LES CONDITIONS DE L'ORGANISATION

La sociologie, aujourd'hui, se détourne généralement de ces recherches conjecturelles sur l'origine de l'organisation sociale; aucun document fourni par l'ethnographie ou la préhistoire ne permet de démontrer que celle-ci est issue d'un état de nature pré-social ou anti-social. Ce qu'on peut dire, c'est plutôt, avec Lévi-Strauss, que l'humanité ne présente jamais l'exemple d'un état de nature dépourvu de toute culture et par conséquent de toute organisation. Or, pour le sociologue, l'organisation suppose toujours une certaine forme d'institution; on peut même dire que toute espèce d'organisation humaine observable, dans le passé ou dans le présent, est stratifiée d'une façon ou d'une autre, et se présente comme un système de statuts sociaux dans lequel se répartissent les individus, ce qui leur assigne des rôles. Nous retrouverons plus loin ces concepts, aussi essentiels que celui dont il est ici question.

L'organisation sociale globale, ainsi conçue comme un ensemble institutionnalisé de statuts et de rôles, ne peut subsister que dans la mesure où existe un certain consensus social et une acceptation des règles qui en résultent. C'est par le « contrôle social » (qu'il vaudrait peut-être mieux appeler « régulation sociale ») que la société impose son emprise sur les individus et maintient sa cohésion, aussi bien pour maintenir la stabilité de l'organisation que pour la faire évoluer. Les contrôles sociaux peuvent présenter un aspect positif (sous la forme de commandements et de suggestions) ou négatif (tabous, interdictions) et ils peuvent être formels lorsque les institutions se cristallisent dans des lois, des coutumes reconnues, mais ils ne le sont pas toujours et peuvent consister en des critiques ou des approbations diffuses.

III. LES ÉCHELLES DE L'ORGANISATION

Les sociétés globales modernes se présentent toutes comme des nations, bien que cette entité revête parfois un caractère fédératif. Et la plupart des groupes et groupements sont organisés à l'intérieur de cette structure nationale, même s'ils la débordent par une organisation supra-nationale, ainsi qu'on l'a déjà dit. Mais la nation peut être elle-même englobée dans une organisation plus vaste : du point de vue culturel, ce peut être la civilisation, quoique ce concept reste vague, les civilisations n'étant, souvent, pas organisées autrement que par des associations intellectuelles.

C'est plutôt dans les domaines politique, économique et militaire que peuvent s'ébaucher ou se réaliser des organisations internationales. On pourrait en trouver de nombreux exemples au cours de l'histoire. Dans les périodes les plus récentes, des institutions comme la Société des Nations, puis l'Organisation des Nations unies, sont des institutions originales à vocation mondiale. L'Unesco représente, dans le domaine culturel, une tentative parallèle. Plusieurs penseurs imaginent ou souhaitent qu'une organisation mondiale puisse réellement fédérer les nations, ou même se substituer à la pluralité des nations. Mais il faut reconnaître que jusqu'à maintenant, à cet échelon mondial, l'Organisation ne correspond qu'à un niveau modeste d'intégration.

Cependant, à des échelons plus éloignés de la mondialité, on a toujours trouvé et l'on trouve encore des systèmes d'alliances, de coopération, de « blocs » qui donnent naissance à des organisations internationales. On peut les classer selon leurs fonctions, encore que certaines de ces organisations soient largement plurifonctionnelles. L'Alliance atlantique, le pacte de Varsovie, par exemple, ont principalement des buts militaires. La ligue arabe serait déjà plus difficile à classer. Le Marché commun, qui a par définition des buts économiques, se rattache étroitement à des efforts pour créer une organisation politique de l'Europe, encore que les partenaires ne soient pas tous entièrement d'accord sur la forme qu'elle devrait présenter dans le futur. De tous ces efforts liés à des finalités et des fonctions variées, il résulte que l'époque actuelle est caractérisée par une floraison d'organisations internationales ou supra-nationales, qui se différencient des simples alliances ou des pactes en ce sens précisément qu'elles s'expriment dans des institutions permanentes et se concrétisent dans des organismes bureaucratiques.

IV. THÉORIES GÉNÉRALES

Au niveau national ou à celui des groupements particuliers, les organisations peuvent se superposer ou s'intégrer les unes dans les autres d'une manière plus ou moins systématique, de sorte qu'on a pu recourir, pour les analyser, à des méthodes qui servent à expliquer le fonctionnement d'autres types de structures organisées.

Il est naturel qu'on ait songé à comparer les ensembles sociaux à des organismes vivants, dans la mesure précisément où ils sont organisés. La biologie fournit en effet l'exemple d'unités fonctionnelles composées d'organes qui sont eux-mêmes des organisations de cellules. De telles analogies ont servi de base aux théories sociologiques de l'organicisme (représenté notamment par Schäffle, Espinas, Spann, René Worms) qui fait de la société un « hyper-organisme » ou un « organisme volontaire ». Mais la plupart des auteurs séduits par l'organicisme n'en ont pas moins été amenés à reconnaître que la conscience crée une différence essentielle entre l'organisation sociale et l'organisation biologique. Le principal intérêt de ces théories a été de mettre l'accent sur le fait que, dans les deux domaines, un ensemble organisé présente une réalité spécifique par rapport à la somme des éléments qui le composent et qui concourent à son fonctionnement.

D'un tout autre point de vue, la tendance à assimiler la société à une organisation s'est manifestée dans les théories « formalistes » ou « relationnelles », et surtout dans celle de J. Plenge qui propose une « sociosomatologie », c'est-à-dire une étude du corps social reposant précisément sur la notion d'organisation, car celle-ci correspond plus que toute autre à l'unité dans la pluralité.

3. L'organisation sociale et ses tendances actuelles

Il est impossible de passer en revue tous les types d'organisation susceptibles d'exister dans les sociétés modernes. Tout au plus peut-on tenter de dégager quelques tendances dans divers secteurs.

Il faut tout d'abord observer que les organisations se manifestent concrètement de deux façons : d'une part, elles donnent naissance à des organismes, (aspect sociologique); d'autre part, elles commandent des conduites organisées (aspect psychosociologique). C'est tantôt le phénomène institutionnel, tantôt le modèle de comportement collectif qui se présente comme le plus important. De ce point de vue, on pourrait établir une classification dichotomique, peut-être imprécise en certains cas, mais pratique lorsqu'il s'agit d'étudier les tendances dominantes.

I. LES ORGANISMES

L'organisation étatique est, dans les sociétés modernes, un exemple particulièrement net de l'aspect institutionnel de la vie collective. Les organismes dirigeants, représentatifs ou non, peuvent être régis par des règles constitutionnelles écrites et formelles ou même, comme c'est le cas en Grande-Bretagne, reposer sur des traditions mais, de toute manière, ils fournissent la preuve que, dans l'état actuel des choses, aucune société globale ne peut être inorganisée. Cependant, la question peut se poser de savoir jusqu'où et dans quelle mesure les organismes gouvernementaux doivent étendre leur pouvoir et leur autorité dans la vie de la société. Entre l'anarchisme d'un côté et le totalitarisme de l'autre, bien des nuances sont possibles. De cette manière, c'est aussi le problème des rapports entre organisation collective et comportement individuel qui se trouve posé, puisque l'État peut régenter la vie sociale, économique, esthétique, religieuse ou même la vie quotidienne et l'éducation des enfants. Cela revient en partie à savoir si les valeurs font partie des déterminations qui peuvent être placées sous le contrôle des organismes centralisateurs. Dans le domaine économique, l'antithèse entre, d'une part, le libéralisme et le non-interventionnisme attachés traditionnellement au système capitaliste et, d'autre part, la collectivisation et l'étatisation des moyens de production dans le système socialiste semble s'atténuer, non sur le plan des idéologies mais sur celui des organes de fonctionnement, dans la mesure où les États capitalistes s'efforcent de planifier en partie le développement et effectuent des nationalisations. Se pose alors le problème de la déconcentration et de la décentralisation dans certaines nations. Ce processus ou cette revendication va à l'encontre de la tendance manifestée sous la Révolution française et sous l'Empire napoléonien : elle reviendrait à fractionner les organisations et à transférer à des organismes régionaux des compétences précédemment attribuées aux organismes nationaux.

La vie politique, dans la plupart des États modernes, suppose non seulement des organismes de délibération, de décision et de direction, mais aussi des groupements organisés qui canalisent les courants d'opinion. Selon les cas, on trouve soit un parti unique ou dominant, soit deux partis, soit une pluralité de partis. « Ces organisations, écrit Maurice Duverger, sont des groupes structurés, articulés, hiérarchisés, adaptés à la lutte pour le pouvoir, qui expriment les intérêts et les objectifs de forces sociales diverses [1]. »

Aux États-Unis, l'organisation des deux plus grands partis par la « machine politique » a donné naissance à des appareils lourds et complexes. Le sociologue Robert K. Merton a montré que ce type d'organisation est la contrepartie de la dispersion des pouvoirs établie par la Constitution américaine qui a instauré un système d'équilibre et de contrepoids entre les différents organes du gouvernement. La machine politique a donc pour fonction de pallier les déficiences de la structure officielle.

Dans le secteur privé comme dans le secteur administratif public, la tendance générale des sociétés industrielles semble avoir été longtemps, ainsi que l'a montré Max

1. *Introduction à la politique*, (Gallimard, 1963), p. 183.

Weber, de favoriser la bureaucratie, c'est-à-dire la formation et la prolifération de groupes hiérarchisés et institutionalisés tendant à une certaine permanence. Mais plus récemment on a vu des cas de plus en plus fréquents d'éclatements, de remaniements, de regroupements de ces institutions et de création d'équipes d'intervention pour des finalités précises et temporaires. Il semble que souvent, pour devenir plus efficaces, les organisations soient appelées à présenter un aspect précaire et mouvant fort éloigné du modèle de Max Weber, chaque structure étant élaborée *ad hoc*, pour faire face à une situation précise ou accomplir une tâche circonscrite dans le temps. Certains, comme Warren Bennis et Alvin Toffler par exemple, y voient un signe du déclin de la bureaucratie et son remplacement par l' « adhocratie ».

II. LES CONDUITES

Sous l'influence des sciences humaines qui fournissent des moyens de connaissance et peut-être de manipulation, sous l'influence aussi du phénomène de « massification » c'est-à-dire par l'effet des divers facteurs de contrainte qui font de l'individu, comme l'a dit David Riesman, un homme « extro-déterminé », soumis aux pressions de la société globale et de la masse avec laquelle il est en relation, on voit apparaître des tentatives d'organisation dans des domaines naguère réservés à l'initiative personnelle ou régis uniquement par les lois de la morale. C'est ainsi par exemple que les projets de « planning familial » supposent à la fois une plus grande liberté à l'égard des lois naturelles (par la contraception notamment) et une régulation par des organismes spécialisés dans les problèmes de la fécondité familiale, conformément à des exigences démographiques. Pour le mariage, on assiste déjà à des expériences de programmation par ordinateur des rencontres permettant de rendre moins aléatoire le choix du conjoint. Le mariage organisé, bien plus que l'antique mariage préfabriqué par les familles, correspond à une tendance à la rationalisation des conduites, inséparable d'une extension de l'organisation sociale. Il n'est pas sûr, cependant, que le libre choix, l'inclination personnelle ne finissent pas par l'emporter si les pressions familiales et les barrières de classe se font moins déterminantes.

On peut trouver d'autres exemples, encore plus visibles, dans le domaine de l'organisation des loisirs. Cette évolution est corrélative à l'extension de ce qu'on appelle les loisirs collectifs : non seulement une sorte de grégarisme pousse les « vacanciers » à se réunir et s'amasser aux mêmes endroits et à prendre à peu près les mêmes plaisirs, mais des organismes se créent pour rationaliser les programmes de distractions ou de tourisme. Ici comme ailleurs, l'organisation semble avoir été génératrice d'uniformisation jusqu'à une époque très récente, mais elle peut très bien prendre, et prend sans doute, une autre orientation, celle de la diversification et de la multiplication des choix. Le recours à l'ordinateur commence à prendre le pas sur le programme stéréotypé, et les agences les plus modernes cherchent à adapter des loisirs, qui restent collectifs et massifs, à des goûts plus personnalisés.

En définitive, l'organisation de la vie sociale, sous toutes ses formes, est peut-être en train de prendre une direction nouvelle, qui serait celle de la mobilité et de la diversité, alors que, précédemment, elle paraissait aller de pair avec l'homogénéisation des comportements.

Les conclusions de William H. Whyte, qui considère comme inévitable le conflit entre « l'homme de l'organisation » et la société, devraient être nuancées, sinon révisées, dans la mesure où l'organisation sociale s'éloignerait de la tentation bureaucratique et de l'idéal de l'homme-robot pour simplement rationaliser les choix, et chercher le meilleur rapport possible entre la liberté de l'homme et les possibilités offertes par la société.

L'organisation est sans doute l'aspect le plus facile à rationaliser, dans tout ce qui compose et concerne les ensembles sociaux. En revanche, avec la notion de civilisation, on atteint une autre façon d'identifier l'objet social qui est à la fois plus difficile à cerner et plus riche d'implications en profondeur.

Bibliographie

Bennis W., *Changing Organizations*, New York, Mac Graw Hill, 1966.

Durkheim E., *Les Règles de la méthode sociologique*, Paris, Alcan, 1895.

Duverger M., *Introduction à la politique*, Paris, Gallimard, 1963.

Espinas V., *Les Sociétés animales*, Paris, Alcan, 1876.

Etzioni A., *A Comparative Analysis of Complex Organization*, Glencoe Free Press, 1961.

— *Les Organisations modernes*, Paris, Gemblout Duculot, 1971. (*Modern Organization*, Englewood Cliffs, New Jersey, Prentice Hall, 1964.)

Febvre L., Mauss et al., *Civilisation, le mot, l'idée*, Paris, La Renaissance du livre, 1930.

Freud S., *Totem et Tabou*, Paris, Payot, 1947. (*Totem und Tabu*, Vienne, 1913.)

Janne H., *Le Système social*, Bruxelles, Ed. de l'Institut de sociologie de l'université libre, 1968.

Jentel L. M., *Vers une civilisation du couple*, Louvain, Feynerolles, 1970.

Gurvitch G., *La Vocation actuelle de la sociologie*, Paris, PUF, 1963, tome 1, 3e éd.

Hobbes, *Leviathan*, 1650.

Lévi-Strauss, *Les Structures élémentaires de la parenté*, Paris, PUF, 1949.

Mauss, « La nation », *Année sociologique*, 3e série, 1953-1954, p. 7-69.

Merton R. K., *Éléments de théorie et de méthode sociologiques*, Paris, Plon, 1965, 2e éd. (*Social Theory and Social Structure*, Glencoe, Free Press, 1957.)

Plenge J., *Vorlesungen uber die allgemeine organisations lehre,* 1919.
— *Der Ontologie der Beziehung,* Munster, 1930.
Riesman D., *La Foule solitaire,* Paris, Arthaud, 1964. (*The Lonely Crowd,* New Haven, Yale University Press, 1950.)
Rousseau J.-J., *Le Contrat social,* Amsterdam, 1762.
Schaeffle A., *Bau und Leben des Sozialen Körpers,* Tübingen, 1875-1878, 4 vol.
Toffler A., *Le Choc du futur,* Paris, Denoël, 1971. (*Future Shock,* Random House, New York, 1970.)
Whyte W. H., *L'Homme de l'organisation,* Paris, Plon, 1959. (*The Organization Man,* New York, Simon and Schuster, 1956.)

2
Civilisation

On peut classer les significations du mot « civilisation », employé implicitement et explicitement en des sens très variés et souvent fort imprécis, sous trois rubriques. Dans le langage le plus courant, tout d'abord, « civilisation » associé à un jugement de valeur qualifie favorablement les sociétés et suppose qu'il y ait, inversement, des peuples non civilisés ou sauvages. Le verbe « civiliser » en est la preuve, et de ce verbe dérive aussi un sens particulier du substantif qui désigne alors l'action de civiliser. En second lieu, la civilisation représente un certain aspect de la vie sociale. Il y a des manifestations de l'existence collective qui peuvent être appelées phénomènes de civilisation ou qui, si elles se concrétisent dans des institutions et des productions, sont nommées œuvres de civilisation, alors que certaines autres ne méritent évidemment pas d'entrer dans cette catégorie. Enfin, le mot « civilisation » s'applique à un ensemble de peuples ou de sociétés. Ainsi, à côté de la civilisation qui est un degré élevé d'évolution ou un ensemble de traits caractéristiques, il y a les diverses civilisations qui possèdent ces caractères et en tirent une personnalité propre qui leur donne une place déterminée dans l'histoire. Cette troisième signification du mot est donc liée à l'une ou l'autre des deux premières et en est l'objectivation. Si l'on préfère, c'est elle qui rend le concept opératoire dans l'analyse de la réalité sociale.

Il faudrait donc ou bien faire un choix entre les deux

premiers sens ou bien les concilier, en tout cas les préciser. Cela suppose d'abord qu'on s'entende sur le contexte dans lequel on emploie le mot et qu'on précise les rapports entre civilisation et culture. Car il est facile de voir que, dans tous ses sens, la civilisation apparaît comme un type particulier de culture, ou comme un aspect de celle-ci. Si les deux notions désignent plus ou moins un écart entre la nature et l'acquis social, il faut pourtant les distinguer l'une de l'autre. Cela suppose qu'après avoir situé la civilisation dans le champ culturel, on précise, dans la mesure du possible, les critères auxquels on la reconnaît, soit en tant qu'étape évolutive, soit comme aspect de la vie sociale. C'est à cette tâche que, dans diverses branches des sciences sociales, on s'est appliqué avec plus ou moins de succès et de manière plus ou moins cohérente.

1. Le contexte culturel

I. LA RECHERCHE D'UN CONCEPT SCIENTIFIQUE

L'histoire du mot « civilisation » montre que tout d'abord, et conformément à l'étymologie, il a désigné ce qui pouvait séparer les peuples les plus évolués des autres. La civilisation serait ainsi la caractéristique de ceux qui entendent ce mot. Il a donc tout naturellement été employé dans un contexte colonialiste, voire impérialiste, pour désigner la culture européenne, occidentale, supérieure aux autres, d'une manière absolue. Les travaux de Lévy-Bruhl sur la « mentalité primitive » opposée à la mentalité logique et scientifique ont parfois été interprétés comme allant dans le même sens. Mais, dès ce moment, il n'était pas clair que la civilisation fût un certain type de culture ou bien la culture véritable.

C'est pourquoi, dans les divers pays où se sont développées ces considérations, il y a eu quelque flottement dans les termes employés, et la traduction d'une langue à l'autre est parfois délicate. Par exemple, l'ouvrage célèbre de Ruth Benedict, *Patterns of Culture*, a été publié en français sous le titre *Échantillons de civilisation*. De même, le livre de Tylor, *Primitive Culture*, est intitulé en français *la Civilisation primitive*. En Allemagne, où de nombreuses études ont été consacrées à ce sujet, on tend parfois, comme le signale Niceforo, à établir une gradation entre *Zivilisation, Kultur* et *Bildung*. D'autre part, dans bien des cas, ainsi que le notent Laloup et Nélis, *Bildung* devrait être traduit par « culture » et *Kultur* par « civilisation ».

Il faut, en outre, signaler que ces divers vocables peuvent être employés dans un sens purement sociologique, ou bien dans une perspective plutôt psychologique ou psychosociologique. Ainsi, on peut parler d'un homme cultivé ou civilisé, ce qui indique évidemment qu'il a été formé, éduqué par la société, mais en même temps nous rappelle que cette dernière est une réalité vécue par les individus. Mais, plus encore que la psychologie et la sociologie, l'anthropologie a conduit à diverses tentatives dont l'objet était d'affranchir la notion de civilisation de tout jugement de valeur. Il faut reconnaître que, sur ce point, elle n'y est pas parvenue aussi aisément qu'en ce qui concerne la culture. Car il est assez facile de faire admettre que tout peuple a sa culture propre, celle-ci constituant en somme tout ce que l'éducation, quelle qu'elle soit, transmet aux individus. Mais, à moins d'identifier purement et simplement culture et civilisation, on est plus embarrassé pour appliquer ce dernier terme à toute espèce de société. Cependant, c'est vers cet usage que tendent les anthropologues, ce qui les conduit à découper au sein du système culturel, ou bien à côté de lui, un domaine de la vie sociale et de sa projection sur les individus qui présente des caractéristiques particulières. De ce point de vue, on peut dire, avec Lucien Febvre, qu'il existe deux notions de civilisation, l'une pragmatique qui est discriminatoire, et l'autre scientifique, selon laquelle tout groupe humain a sa civilisation. Or il est clair que la différence entre ces deux utilisations d'un même mot tient à un changement de perspective. Dans un cas, on se place dans une situation comparative, égocentrique, et aussi dans une perspective évolutionniste : le degré de civilisation ou non-civilisation suppose que la société dont on parle est placée à un certain niveau dans le cours d'une évolution linéaire. Il y a donc là un sens dynamique du mot, celui-ci se référant au développement progressif des fonctions sociales. Mais, comme le dit Sartiaux, il y a aussi un sens statique, par lequel ce vocable désigne l'état de ces fonctions à un moment donné, sans aucune référence à un point de comparaison extérieur. De toute façon, le concept ne peut être bien précisé que s'il est envisagé parallèlement à celui de culture.

II. CULTURE ET CIVILISATION

L'incertitude dans la confrontation de ces deux termes apparaît bien chez Tylor, l'un des auteurs auxquels on se réfère toujours à ce sujet. En effet, celui-ci, dès les premières lignes de son étude classique sur la civilisation primitive, pose les deux termes comme rigoureusement synonymes, et il en donne la définition suivante : « Le mot culture, ou civilisation, pris dans son sens ethnographique le plus étendu, désigne ce tout complexe comprenant à la fois les sciences, les croyances, les arts, la morale, les lois, les coutumes et les autres facultés et habitudes acquises par l'homme dans l'état social. » Mais dans le même livre, Tylor distingue trois degrés d'évolution des sociétés : l'état sauvage, l'état barbare et l'état de civilisation. De ce point de vue, la civilisation proprement dite n'est plus confondue avec la culture, mais avec un certain type élevé de culture. Cette hésitation entre la conception de la civilisation comme synonyme de la culture et sa définition comme une culture plus élevée que les autres a entraîné bien des confusions chez les sociologues et chez les anthropologues. Par ailleurs, plusieurs auteurs, inspirés par Spengler, auraient tendance à voir dans la civilisation, non pas une promotion, mais une forme sclérosée et décadente de la culture.

Il faut donc, pour plus de clarté, prendre acte de ces divers points de vue et examiner ce que devient, pour chacun d'eux, la notion de civilisation envisagée en tant que concept opératoire. Cela revient à se demander ce qui peut la distinguer des autres types de culture dans l'évolution des peuples et, dans l'autre cas, comment les phénomènes de civilisation peuvent constituer un ensemble particulier dans le contexte culturel.

2. Critères

I. CRITÈRES ÉVOLUTIFS

Si la civilisation est la marque d'un certain degré du progrès de l'humanité, il convient de définir les critères permettant de classer un peuple ou une société parmi les civilisés ou les non-civilisés. Cette démarche n'est pas seulement l'inverse de celle qui consiste à définir les sociétés ou la mentalité archaïques. En effet, suivant les critères que l'on cite, il peut se faire que certains peuples soient à la fois archaïques et civilisés, ou bien encore, à l'inverse, on peut estimer qu'il y a un hiatus dans le processus évolutif entre l'archaïsme pur et la civilisation proprement dite. Il faut donc partir de la civilisation elle-même et non de son opposé pour en repérer les traits distinctifs.

Les sociologues et les anthropologues ont très souvent cherché à les ramener à un seul, en estimant que le fait d'atteindre un certain niveau dans un domaine bien déterminé de la vie sociale suffit à assurer l'accès à la vie civilisée sous toutes ses formes. Autrement dit, la recherche du critère se ramènerait souvent à celle du phénomène le plus significatif du progrès social. Et, pour être utilisable, il importe qu'il soit relativement facile à observer et qu'il permette l'appréciation de sa gradation, sinon quantitativement, du moins qualitativement.

Complexité et urbanisation.

Le critère morphologique est sans doute celui qui est le plus directement saisissable et le plus conforme à l'hypothèse évolutionniste, telle que Spencer l'appliquait à la sociologie. Dans ce cas, on dira qu'une société peut être appelée civilisée lorsqu'elle a atteint un certain degré de complexité, d'hétérogénéité entre ses parties, de différenciation entre ses organes selon des fonctions. Il en résulte évidemment que sa taille même doit dépasser celle de la cellule sociale élémentaire, par exemple celle du clan, de la tribu.

Ce type de critère a permis à quelques anthropologues de tenter une conciliation entre l'objectivité scientifique et la perspective évolutive. Ainsi, pour Beals et Hoijer, il n'y a pas entre les cultures civilisées et les cultures non civilisées de différence qualitative, susceptible d'entraîner une appréciation nécessairement laudative des premières, mais simplement une différence quantitative dans leur contenu et la complexité de leur structure. Il n'en reste pas moins difficile de dire à partir de quel degré de diversification une société peut être dite civilisée. La délimitation dans une série évolutive continue reste arbitraire.

Aussi bien a-t-on cherché un élément morphologique qui, au lieu d'être seulement plus développé ici et moins là, soit présent à un stade, absent à un autre. Et, de ce point de vue, le critère le plus souvent utilisé est celui de l'urbanisation. Particulièrement nette chez Gordon Childe, l'assimilation de la vie civilisée à l'avènement du phénomène urbain a été si souvent acceptée par les savants qu'il est devenu courant de traiter des phénomènes de civilisation sous la rubrique « révolution urbaine », celle-ci constituant en somme la coupure entre la civilisation et tout ce qui la précède dans l'histoire culturelle des peuples. Pour Gordon Childe, le processus d'urbanisation n'est certes pas la caractéristique unique de l'essor des civilisations, mais il en est le résultat et le symbole. Il y a donc une civilisation pré-urbaine; mais elle ne prend qu'ensuite, avec l'apparition des villes, son sens véritable. C'est ainsi que, dans l'histoire de l'humanité, l'aube de la civilisation qui se manifeste dès le début du néolithique fait place à la civilisation proprement dite lorsque apparaissent les premières villes en Mésopotamie. Puis l'urbanisation se poursuit et s'étend à partir des trois foyers de civilisation qui, à l'âge du bronze, sont, outre le précédent, la vallée du Nil et celle de l'Indus. C'est d'ailleurs à ce moment que, selon Gordon Childe, s'épanouit la civilisation véritable. Ainsi, le critère de l'urbanisation en englobe d'autres, dont il est à la fois cause et effet, mais dont il est la plus saisissable évidence. Car c'est seulement dans les villes que peuvent se réaliser les concentrations d'énergie, les structures sociales et les spécialisations fonctionnelles permettant les inventions et les progrès techniques ou intellectuels décisifs.

C'est d'un point de vue assez analogue que Robert Redfield conçoit le passage de la communauté paysanne à la civilisation urbaine dont elle est le substrat indispensable. Le critère morphologique classique s'associe alors à celui que Gordon Childe mettait en évidence et il le diversifie. Redfield montre en effet que la complexité croissante de la structure sociale est liée à l'évolution du hameau au village, puis à la ville et à la grande cité. Mais Redfield fait mieux comprendre comment la culture paysanne peut s'intégrer dans la révolution urbaine. Les sociétés civilisées sont faites d'une interaction entre la « petite tradition » des communautés rurales, fondée sur la sagesse et les croyances ancestrales et, d'autre part, la « grande tradition », riche en innovations, animée par la pensée spéculative, systématisée par une élite intellectuelle, dans les grandes villes.

On peut donc, avec ces réserves, retenir l'urbanisation comme le signe de la civilisation dans la mesure où ce terme définit une étape avancée du progrès culturel. Mais, même ainsi entendu, il est évident qu'il implique un certain nombre d'acquisitions constituant d'autres critères, qui peuvent être d'ordre technique, social, moral, intellectuel.

Techniques.

Le développement des techniques est aussi un fait aisément observable. Les préhistoriens ont d'ailleurs pris ce phénomène comme base de leurs classifications, non seulement parce qu'ils ne trouvent guère dans les vestiges exhumés d'autres signes distinctifs d'évolution, mais aussi parce que les formes d'outillage suivent dans la chronologie universelle un ordre constant : pierre taillée, pierre polie, métaux. Le développement de la civilisation sous ses formes plus élevées est également associé, dans les faits, à d'autres inventions : le dressage des animaux, l'agriculture, la roue, l'utilisation de la force hydraulique. Cependant, il est difficile d'assigner à une technique particulière le rôle de critère décisif. Il serait plus exact de faire coïncider la naissance de la civilisation proprement dite avec un changement général d'orientation qui se produit au moment où l'humanité ne se borne plus à utiliser seulement les moyens que l'environnement lui offre par appropriation directe (chasse, pêche, cueillette) mais tente d'asservir la nature par des procédés différés et artificiels (élevage, agriculture).

Mais la technique ne prend sa dimension civilisatrice que dans la mesure où elle se reflète dans l'ordre social par le biais de l'économie. D'une part, le développement de l'agriculture entraîne le régime de la propriété et surtout une production alimentaire suffisante pour mettre le groupe à l'abri de la disette et permettre à certains de ses membres de se consacrer à des activités moins matérielles. D'autre part, le système des échanges, la circulation des biens et leur accumulation font apparaître d'autres clivages dans la collectivité. Ainsi, peu à peu, apparaissent des classes sociales qui, selon Marx et Engels, sont des produits de l'évolution économique liée elle-même à la complication des techniques, et qui sont les éléments dynamiques de la civilisation, par la tension qu'elles instaurent et les idéologies qu'elles développent.

Pour L. H. Morgan [1], dont les travaux ont également inspiré les anthropologues marxistes, il est une technique particulière qui peut être retenue comme la marque décisive de l'entrée d'un peuple dans la vie civilisée, c'est l'écriture et plus particulièrement l'usage d'un alphabet phonétique. Mais Morgan insistait aussi sur les conséquences sociales

1. Cf. *infra*, p. 125-127.

du développement des « arts de subsistance » et sur les transformations politiques qui accompagnent l'avènement de la civilisation.

De toute manière, il est certain que l'écriture est l'une des techniques qui ont le plus contribué à donner une importance accrue à certains facteurs culturels et à favoriser l'intensification des fonctions intellectuelles. Quant à la thèse du matérialisme historique qui, sous sa forme populaire, fait dériver le système féodal du moulin et le système capitaliste du machinisme, il ne faut pas oublier que, sous sa forme plus élaborée, elle tient compte plus largement des « superstructures » et renvoie aussi à des critères intellectuels, tout en les liant étroitement aux processus techniques et aux luttes de classes. Enfin, il reste toujours à déterminer à quel degré de perfectionnement technique la vie sociale mérite d'être qualifiée de civilisée. De ce point de vue, si la division en classes constitue une première approximation, il pourrait cependant apparaître que le machinisme et le capitalisme, avec l'apparition d'une bourgeoisie conquérante, donnent vraiment à la civilisation son caractère prométhéen.

Mais faut-il alors refuser de classer parmi les civilisations celle des Aztèques qui ne connaissait qu'un rudiment d'écriture? Beaucoup d'archéologues soutiennent volontiers que la culture néolithique est déjà une civilisation véritable. Il est donc utile de ne pas s'appesantir uniquement sur les critères techniques et sur leurs effets purement sociaux.

Facteurs intellectuels et moraux.

Le progrès technique est d'ailleurs en général une conséquence du développement intellectuel, et celui-ci, on l'a dit, est lui-même favorisé par le temps que les techniques nouvelles libèrent pour une activité spéculative, soit pour une minorité de citoyens, formant une élite intellectuelle, soit pour l'ensemble de la population qui dispose alors du loisir de se livrer à des activités autres que de simple subsistance. Dans les civilisations antiques, c'est la structure sociale, et plus précisément la pratique de l'esclavage, qui a permis ce jeu dialectique entre les conquêtes techniques et l'intensification des activités intellectuelles. En Égypte, les finalités techniques ont eu plus d'importance que dans la Grèce antique, où la pensée spéculative était seule digne des hommes libres. La civilisation romaine à son apogée a réalisé une synthèse entre ces deux tendances, mais en séparant de l'ensemble des citoyens une classe d'intellectuels, à savoir la catégorie des hommes qui pouvaient goûter le loisir sous ses formes les plus élevées (*otium cum dignitate*). Souvent aussi l'élite pensante a été recrutée parmi les prêtres, lorsque s'est créée une véritable fonction sacerdotale. En Égypte, le rôle des scribes fait apparaître aussi le décalage qui peut exister entre la classe dirigeante et celle des grands inspirateurs de la promotion culturelle.

Les domaines dans lesquels peuvent se situer les critères intellectuels de la civilisation véritable sont nombreux. Aux techniques se rattache très directement la connaissance scientifique, encore que celle-ci, comme on l'a vu, puisse avoir, suivant le contexte, des visées plus ou moins spéculatives et se confondre même, en Grèce par exemple, avec la philosophie. En tout cas, la géométrie, l'arithmétique, l'astronomie sont en honneur dans toutes les hautes civilisations. L'écriture permet la conservation et la transmission fidèle du savoir acquis. On peut, ainsi, trouver dans ces domaines divers des critères assez nets par lesquels la sociologie de la connaissance vient en aide à celle des civilisations [1].

1. Cf. chapitre suivant.

Pour ce qui est des arts, des productions esthétiques en général, le départ entre civilisés et non-civilisés est plus difficile à faire. En effet, dès les temps paléolithiques, la peinture, par exemple, atteint un degré de perfection que les artistes modernes reconnaissent encore. Inversement, des civilisations confirmées et évoluées ont connu, au cours de leur histoire, des phases de décadence du point de vue des réalisations esthétiques. Il n'en est pas moins vrai qu'il n'y a pas de civilisation digne de ce nom sans productions artistiques. Certains auteurs estiment que l'art des vraies civilisations ou des hautes cultures se caractérise non pas par telle ou telle réussite particulière, mais plutôt par une conceptualisation des styles, voire même une succession des modes et des écoles ou encore leur diversification selon les couches sociales. La différenciation entre un art populaire ou traditionnel et un art de l'élite sophistiqué et hiérarchisé serait, selon ces mêmes auteurs, le signe qu'une société a atteint le niveau requis d'évolution. Cependant, il serait facile de montrer que même les prétendus « sauvages » connaissent aussi des styles et que, d'autre part, les civilisations modernes ne semblent pas toutes se proposer comme idéal le maintien d'une coupure entre l'art de l'élite et l'art populaire. Les problèmes soulevés par la « culture de masse » à propos des moyens de grande diffusion présentent en tout cas le rapport entre l'art et la civilisation sous un tout autre aspect.

A côté des sciences et des arts, il faudrait ajouter les autres « œuvres de civilisation », comme disent les sociologues, et notamment l'organisation politique, juridique, religieuse. Ce n'est pas, à vrai dire, tel ou tel type particulier d'institution ou tel degré précis d'élaboration du droit ou encore tel régime de gouvernement qui peut caractériser la civilisation, mais plutôt leur différenciation, par rapport à l'ensemble de la vie sociale, et le fait que le contexte juridique et politique fasse l'objet d'une prise de conscience, d'une réflexion. Quant à la religion, on admet généralement qu'elle se charge de valeurs morales au fur et à mesure qu'elle devient plus « civilisée ». Quoique la magie ait servi de stimulant à la connaissance scientifique dans ses débuts et qu'elle ait, ainsi que le note Gurvitch, joué bien souvent un rôle dynamique dans l'évolution sociale, il faut néanmoins reconnaître qu'elle tend de plus en plus à s'effacer au profit de la religion lorsque le niveau culturel s'élève. Premier moteur de la connaissance technique et spéculative, elle tend à être entièrement remplacée par elle et à laisser ainsi le champ à une religion qui, délivrée de cette compromission ou de cette concurrence, évolue elle-même vers une humanisation et devient le grand principe de régulation éthique des premières civilisations. Selon Kroeber, le déclin de la magie et de la superstition, lié à l'allégement de certains soucis matériels, serait un critère important de la civilisation; pour d'autres, ce serait l'apparition dans la religion des dieux anthropomorphes et l'élimination par eux des divinités animales.

Naturellement, il est difficile de dire si les valeurs morales et les idéaux font partie ou non des critères de la civilisation, car répondre à cette question c'est déjà philosopher. Dire qu'un certain humanisme est indispensable, ce serait éluder la question, car, par exemple, l'humanisme marxiste et l'humanisme chrétien, malgré leurs différences de principe, peuvent prétendre à une mission civilisatrice. Ou bien alors, il faudrait retenir pour critère ce qui peut être commun à toutes les éthiques des grandes civilisations. Et sans doute trouverait-on que le critère est alors la prétention, justifiée ou non, à l'universalité, à la dimension humaine. On pourrait ainsi, avec Redfield, considérer qu'en définitive la civilisation conçue comme un état élevé de la culture se caractérise surtout par une prise de conscience du rôle même de la culture et par une visée de rationalisation. Ou encore, en reprenant avec

Georges Gurvitch le critère de la société prométhéenne, dire que la civilisation commence au moment où la société reconnaît les possibilités qu'elle a de prendre en main son destin, d'assumer de telle ou telle manière sa propre condition. Cela entraîne, comme moyens et comme fins, l'ensemble des autres critères techniques, sociaux, intellectuels et moraux. Mais on voit qu'en définitive il est difficile de considérer la civilisation comme un perfectionnement de la culture en général à partir d'un certain point sur la ligne du progrès sans isoler certains aspects de la culture. Autrement dit, on est renvoyé des critères évolutifs aux critères analytiques.

II. CRITÈRES ANALYTIQUES

Définition des phénomènes de civilisation.

Pour échapper aux dangers des jugements de valeurs ethnocentriques et aux hiérarchies arbitraires entre sauvages et civilisés, plusieurs sociologues et anthropologues préfèrent partir de l'analyse des manifestations de la vie sociale et ranger certains éléments sous la rubrique « civilisation » et d'autres éléments sous la rubrique « culture », ce qui évite de faire du premier de ces concepts une forme supérieure du second. Malheureusement, cela implique entre les deux notions un partage difficile et, dans ces conditions, l'accord est loin d'être fait sur ce qu'on appelle phénomène culturel et ce qu'on peut nommer phénomène de civilisation, ces deux ordres devant ainsi coexister dans toute espèce de société, quel que soit son degré d'avancement dans tel ou tel domaine.

Selon R. M. Mac Iver, la culture désigne les « expressions de la vie ». Il faut entendre par là les idéologies, religions, arts, littératures, c'est-à-dire à peu près ce que les marxistes considèrent comme les superstructures. Quant à la civilisation, elle représente les créations de la société pour assurer son contrôle sur ses propres conditions de vie, ce qui implique aussi bien l'organisation sociale que les techniques. Cette conception, assez répandue parmi les sociologues allemands, s'inspire en partie des distinctions faites par Alfred Weber et rejoint aussi celle que Krober établit entre deux sortes de cultures : celle de la valeur, et celle de la réalité, cette dernière correspondant plutôt à la civilisation.

Partant d'un point de vue différent, certains, comme Laloup et Nélis, arrivent à des définitions assez voisines, en appliquant à ce contexte la distinction établie par Hegel entre l'esprit subjectif qui, alors, envelopperait la culture et, d'autre part, l'esprit objectif auquel se rattacherait la civilisation. La culture exprimerait ainsi les efforts que l'homme dirige sur lui-même pour se perfectionner, et la civilisation, ceux qu'il fait pour modifier le monde et qui se projettent ainsi dans des œuvres concrètes.

Or ces définitions, si elles sont dans l'ensemble cohérentes entre elles, sont en revanche difficilement conciliables avec le sens le plus courant des mots et aussi avec celui que tendent à leur donner les conceptions évolutives. Ces dernières insistent volontiers en effet sur les idéologies et les créations esthétiques pour séparer les civilisés des non-civilisés. Le langage commun ne semble pas non plus exclure ces caractéristiques de ce qu'il entend par « vie civilisée ».

En fait, on s'aperçoit que ces difficultés viennent surtout de ce qu'on a trop souvent séparé deux sens du mot « civilisation » : celui qui définit dans l'abstrait un ordre de phénomènes et celui qui, dans le concret, s'applique à un ensemble humain, déterminé dans l'espace et le temps, c'est-à-dire non pas tellement à la civilisation, mais à une civilisation.

La forme concrète de la civilisation.

Une tentative a été faite par Marcel Mauss pour unir les différentes significations du terme. Il définit d'abord le phénomène de civilisation comme étant commun à plusieurs sociétés et à un passé plus ou moins long de ces sociétés. On peut donc le distinguer du simple phénomène culturel par son volume, de sorte que l'analyse conceptuelle est faite ici en extension plutôt qu'en compréhension. Ainsi, les phénomènes en question sont par essence supra-nationaux, et leur étude comporte donc celle des contacts et de la diffusion, en même temps que celle des processus par lesquels les sociétés particulières s'individualisent sur un fond de civilisation. On peut alors définir la civilisation elle-même comme un « ensemble suffisamment grand de phénomènes de civilisation, suffisamment nombreux eux-mêmes, suffisamment importants, tant par leur masse que par leur qualité », et aussi comme un ensemble assez vaste par le nombre de sociétés qui présentent ces phénomènes. La civilisation est donc à la fois une aire et une forme. Mauss condamne ainsi les considérations vagues et générales, comme celles de Spengler qui différencie qualitativement les civilisations selon des critères plutôt philosophiques. Pour définir l'aire et la forme d'une civilisation, il faut étudier scientifiquement les modalités et même les modes qui sont organisés en système dans un ensemble hypersocial. Ainsi, le concept devient opératoire et peut être utilisé pour des recherches véritablement scientifiques à la fois par les sociologues et par les anthropologues. Certes, la prise de position de Mauss exclut la définition trop rigoureusement évolutive qui situe la civilisation à un niveau élevé d'une progression linéaire et qui est dépréciative pour les cultures non civilisées. Mais elle n'exclut nullement le facteur historique, ni même une certaine évolution. En effet, cette analyse se situe seulement au-delà d'un certain stade de complexité sociale auquel sont liés des perfectionnements techniques et des progrès institutionnels, intellectuels et moraux. Par exemple, au niveau des sociétés claniques, les phénomènes de civilisation sont assez largement éclipsés par les phénomènes simplement sociaux, sans être toutefois totalement absents [1].

D'autre part, il resterait à déterminer si les phénomènes de civilisation sont, dans les faits, ceux qui se réfèrent à l'esprit subjectif ou à l'esprit objectif. Or, il est évident que les phénomènes supra-sociaux — techniques, institutions sociales d'une part, art ou religions d'autre part, qui sont des traits communs à diverses sociétés participant à une même civilisation — appartiennent à ces deux catégories. Et il est fort possible que certaines civilisations soient caractérisées par l'un ou l'autre de ces traits. Finalement, le problème revient alors moins à définir la notion même de civilisation dans ce qu'elle a de vague et d'ambigu qu'à établir une typologie et à étudier comment vivent et évoluent les différentes civilisations, en tant que systèmes de phénomènes supra-sociaux.

3. Typologie et phénoménologie des civilisations

I. DÉLIMITATION

Lorsqu'on distingue les civilisations les unes des autres, il faut d'abord savoir en préciser les contours dans le temps et dans l'espace.

1. Certains anthropologues n'hésitent pas à parler d'une « civilisation totémique ».

Les historiens ont parfois tendance à voir dans le développement de l'humanité une succession de civilisations : hellénique, romaine, médiévale, etc. Mais ces seuls exemples montrent que le concept est chargé alors de significations différentes. Ainsi, la civilisation romaine se définit à partir du mode de vie d'un peuple qui, peu à peu, a fait rayonner autour de lui sa conception de la société. Il s'agit donc là d'un phénomène, l'impérialisme, qui est tout autant historique que sociologique et s'explique en partie par les conquêtes. La civilisation est, dans ce cas, à chaque période de son existence, délimitée par des frontières à l'intérieur desquelles elle forme une totalité plus ou moins unifiée.

A l'inverse, lorsqu'on parle de la civilisation médiévale, on songe plutôt à un type de société globale qui se trouve représenté à des périodes diverses et en des lieux parfois fort éloignés les uns des autres. Il serait même plus exact d'employer l'expression de civilisation féodale. On en trouve des exemples aussi bien en Europe qu'en Extrême-Orient. Enfin, d'une manière à la fois concrète et générale, on a recours au même concept pour désigner des états déterminés, mais universellement répandus à tel ou tel moment de la société. C'est le cas par exemple de la civilisation néolithique, qui constitue un stade d'évolution par lequel sont passés, avec plus ou moins d'avance ou de retard, tous les groupes humains au sortir de l'âge paléolithique, et qui constitue un type de vie assez nettement structuré, homogène, si bien que certains anthropologues comme Claude Lévi-Strauss y verraient volontiers l'état social le plus proche du modèle général de toute société.

Il est donc clair que, suivant le mode de classification que l'on se propose, on prend le mot « civilisation » dans des sens plus ou moins concrets ou abstraits. En fait, c'est même toujours entre ces deux extrêmes qu'il se situe, car, d'une part, le type idéal, s'il était une pure abstraction, serait sans utilité puisqu'il doit servir à rendre compréhensibles des phénomènes réels, et, d'autre part, une typologie naïvement concrète ne permettrait pas de dépasser le niveau événementiel.

Si, malgré ces nuances, dans tous les emplois qu'on vient de citer, la notion de civilisation s'applique à des totalités, il paraît utile aussi, dans d'autres processus d'analyse, de distinguer, dans un même ensemble réel ou abstrait, des couches ou des éléments constituant des civilisations diverses. Par exemple, on l'a vu, Redfield découvre la dynamique civilisatrice dans l'interaction entre deux niveaux de civilisation correspondant respectivement à la « petite tradition » et à la « grande tradition ».

Des distinctions de ce genre sont certainement utiles aux folkloristes. C'est ainsi qu'André Varagnac peut entreprendre l'étude de la « civilisation traditionnelle », en l'isolant du contexte moderniste, en laissant de côté les éléments de culture savante.

Un autre problème qui se rattache à la délimitation dans l'espace est celui qui concerne la taille de l'ensemble concret dans lequel se réalise le type considéré. Faut-il, par exemple, dans le monde contemporain, parler d'une civilisation occidentale, d'une civilisation européenne ou anglo-saxonne, d'une civilisation latine ou française, d'une civilisation allemande? Il est certain qu'à cette question comme aux précédentes on ne peut donner une réponse unique et catégorique. Tout dépend du niveau de compréhension que veut atteindre le spécialiste des sciences humaines.

II. CARACTÈRES DÉTERMINANTS

En effet, l'aire d'une civilisation dépend du critère choisi pour l'identifier, et c'est dans ce choix même que peuvent converger les différentes acceptations du mot, le point de vue analytique pouvant se combiner avec le point de vue évolutif.

Le caractère déterminant peut être d'ordre technique comme c'est le cas, on l'a vu, pour les classifications des préhistoriens. De même, les ethnographes distinguent volontiers une civilisation de l'arc, ou une civilisation de la sarbacane. Dans les sociétés modernes, la notion de civilisation industrielle est fondée sur le développement technique, car elle se réfère aussi aux caractères économiques et sociaux, mais elle se heurte alors à la difficulté qui résulte de la combinaison de ces divers aspects, et il est difficile de ranger sous une même rubrique les sociétés capitalistes et les sociétés socialistes, sinon en faisant l'hypothèse qu'il y aurait une convergence entre elles, ce qui n'est pas évident.

Le caractère déterminant peut également être religieux. Ainsi, les ethnographes délimitent assez bien une civilisation chamanistique, et les historiens peuvent situer clairement dans le temps l'apparition d'une civilisation chrétienne, qui comporte une certaine unité culturelle et morale [1].

Les caractères intellectuels et culturels peuvent être, eux aussi, choisis comme traits fondamentaux. On emploie en effet assez souvent les expressions de civilisation du livre, civilisation de l'audio-visuel, civilisation des loisirs. La difficulté qu'on éprouve à coordonner ces diverses typologies a conduit à chercher des méthodes plus synthétiques. Parmi celles-ci, il faudrait citer celles qu'ont mises au point diverses écoles culturalistes. Ainsi, avec Linton et Kardiner, on peut chercher à trouver l'unité dans les « personnalités de base », c'est-à-dire dans les effets globaux que les sociétés peuvent avoir sur les individus, dans la manière

1. On en pourrait dire autant d'une civilisation islamique.

dont elles les façonnent par l'éducation. Ou bien on peut, avec Ruth Benedict, et dans le même sens, chercher à déterminer les finalités, les desseins secrets des diverses civilisations dans l'action qu'elles exercent sur la personnalité consciente et inconsciente. On peut ainsi distinguer, par exemple, des civilisations apolliniennes dont le système global tend à favoriser l'esprit de solidarité, et des civilisations dionysiaques qui développent plutôt l'esprit de compétition.

Un pas de plus est fait dans la conciliation entre les divers sens du terme lorsqu'on s'efforce, à travers les phénomènes de contact et de diffusion, de saisir comment une civilisation s'impose peu à peu à plusieurs autres, de sorte que l'hypothèse d'une coupure entre civilisés et non-civilisés est remplacée par l'étude historique des convergences à travers des évolutions qui ne sont conçues ni comme nécessaires ni comme fondées sur des échelles de valeurs *a priori*. C'est dans ce contexte que les notions de civilisation industrielle et de civilisation des loisirs peuvent être utiles au sociologue pour mieux comprendre les évolutions en cours, à partir de modèles qui sont assez proches du type idéal weberien [1].

Mais il ne faut pas que ce modèle d'une civilisation unitaire conduise à une vue prospective trop rigide. Comme le disait Paul Valéry, nous avons appris que les civilisations sont mortelles. Le propre même de la civilisation humaine est d'ailleurs de pouvoir se remettre elle-même en question. Il s'agit donc seulement, en décelant les convergences, de mieux comprendre le présent, et non pas de prédire l'avenir. Le préjugé de la civilisation occidentale seule détentrice de la vérité civilisatrice ne doit pas plus servir à fermer l'évolution qu'il ne pouvait fournir des critères pour rejeter dans la « non-civilisation » les sociétés

1. Cf. *infra*, p. 88 s.

qui, dans le passé, étaient classées comme sauvages ou barbares. La notion de civilisation ne peut être que purement opératoire, aussi ne peut-elle ni totalement coïncider avec la réalité concrète ni lui échapper. Elle implique des systèmes de valeurs, mais elle doit en faire comprendre la genèse au lieu de les poser *a priori*.

Bibliographie

Beals R. L. et Hoijer H., *An Introduction to Anthropology*, New York, 1953.

Benedict R., *Échantillons de civilisation* (*Patterns of Culture*), Paris, Gallimard, 1950.

Cazeneuve J., « Les méthodes techniques à l'âge préhistorique », in *Diogène*, juil.-sept. 1959.

— *Bonheur et Civilisation*, Paris, Gallimard, 1966.

Childe V. G., *Social Evolution*, Londres, P. Smith, 1951.

— *What Happened in History*, Londres, éd. définitive, Penguin, 1954.

Febvre, Mauss, Weber et al., *Civilisation : le mot, l'idée*, Paris, la Renaissance du livre, 1930.

Gurvitch G., *La Vocation actuelle de la sociologie*, Paris, PUF, 1963, tome 1, 3e éd.

Kroeber A. L., *Anthropology*, New York, Brace and Co, 1948.

— *The Nature of Culture* (notamment le chap. « Reality culture and Value culture »), Chicago, University of Chicago Press, 1952.

Kroeber A. L. et C. Kluckhohn, *Culture*, New York, Random House, 1963.

Laloup J. et Nelis J., *Culture et Civilisation*, Paris, Casterman, 1957.

Lévi-Strauss C., *La Pensée sauvage*, Paris, Plon, 1962.

Linton R., *The Study of Man*, New York, Appleton Century, 1936.

Mac Iver R. M., *Society. Its structure and changes*, New York, 1931.

Marrou H. I., « Culture, civilisation, décadence », *Revue de synthèse*, Paris, déc. 1938.

Morgan L. H., *Société archaïque*, Paris, Anthropos, 1971. (*Ancient Society*, Cambridge, 1877.)

Redfield R., *The Primitive World and its transformations*, New York, 1953; *Peasant Society and Culture*, Chicago, University of Chicago Press, 1956.

Sartiaux F., *La Civilisation*, Paris, 1938.
Spencer H., *Les Premiers Principes*, Paris, Alcan, 1907. (*The Principles of Sociology*, Londres, 1876.)
Spengler O., *Le Déclin de l'Occident* (*The Decline of the West*), Paris, Gallimard, 1948-1950, 2 vol.
Tylor E. B., *Civilisation traditionnelle et Genre de vie*, Paris, 1948.
Weber M., *Gesammelte Aufsätze zur Wissenschaftslehre*, Tübingen, J.C.B. Mohr (Paul Siebeck), 1968, 3e éd.

3
Sociologie de la connaissance

La notion de civilisation met en jeu des fonctions collectives intellectuelles et cognitives. Aussi bien peut-elle être éclairée par les démarches de la « sociologie de la connaissance », expression que le philosophe autrichien, Wilhelm Jerusalem, créa et fit adopter au début du XXe siècle. Cette terminologie devait être critiquée par la suite, notamment par Florian Znaniecki. On semble en effet, dit cet auteur, suggérer ainsi que la connaissance comme telle est l'objet d'une investigation sociologique, alors qu'il s'agit de voir quelle est l'influence des circonstances sociales sur l'évolution des connaissances et non point de supposer que le contenu de celle-ci est lui-même un phénomène social. Néanmoins cette notion est maintenant admise, et elle constitue un chapitre important de la sociologie.

De nombreuses études ont été consacrées à ce sujet, en Allemagne, aux États-Unis et, plus récemment, en France et dans d'autres pays. Il n'en est pas moins vrai que l'expression prête à équivoque, et il y a eu de fréquents désaccords sur la conception même de ce que doit être la tâche de cette branche de la sociologie. Trois problèmes se posent à ce sujet. Premièrement, est-ce la connaissance elle-même, est-ce sa validité qui sont mises en cause en entrant dans la perspective sociologique? Autrement dit, une connaissance est-elle plus vraie, plus absolue, ou au contraire moins sûre quand elle dépend des circonstances sociales? Deuxièmement, est-ce de la connaissance sous tous ses aspects, à travers tous ses domaines qu'il s'agit, ou bien simplement de ce qu'on appelle l'idéologie, c'est-à-dire la partie du savoir qui est, par vocation, directement impliquée dans la vie sociale, ou tout au moins dans les relations humaines? Troisièmement, s'agit-il d'étudier les conditions sociales de l'élaboration des connaissances, par exemple de leur progrès et des inventions faites par les savants? ou bien la sociologie, pour s'en tenir à des phénomènes plus directement saisissables par elle, doit-elle s'appliquer surtout à la diffusion, à l'utilisation et à la vulgarisation même du savoir?

L'histoire des théories et doctrines de la sociologie de la connaissance montre bien que ces problèmes ont fortement aiguillé son cheminement et qu'on a toujours plus ou moins hésité entre ces diverses conceptions.

1. Origines et étapes

L'histoire de la sociologie de la connaissance remonte plus loin que l'invention du terme. Dès le début du XVIIe siècle, par exemple, Francis Bacon dans son *Novum Organum* cherchait l'origine des erreurs et notions fausses dans ce qu'il nommait les idoles de la tribu, de la caverne, du marché et du théâtre. Comme le remarque Karl Mannheim, on peut trouver là une anticipation de la conception moderne de l'idéologie, puisque ces obstacles à la connaissance vraie que signale Bacon peuvent être en grande partie attribués à la société. On voit que, par cette approche, c'est bien la validité de la connaissance qui est d'emblée impliquée dans le rapport avec l'influence du cadre social.

L'une des étapes suivantes dans l'histoire de la sociologie de la connaissance est marquée par l'*Esquisse d'un tableau historique des progrès de l'esprit humain* (1795) de Condorcet qui, au contraire, trouve une confirmation de la légitimité des connaissances dans leur parfaite adéquation avec l'évolution sociale en général. C'est dans la même ligne de pensée, mais plus systématiquement, que s'inscrit ensuite la « loi des trois états » développée, après Saint-Simon, par Auguste Comte, le fondateur de la sociologie. Pour lui, la pensée, au cours des âges, passe par une phase théologique, puis par une phase métaphysique avant de parvenir à la science véritable qui est positiviste. Et c'est cette progression qui conditionne le progrès social dans son ensemble.

Le marxisme fait ensuite prendre un tournant décisif à la sociologie de la connaissance en soulignant les rapports entre l'idéologie et la lutte des classes. Par là, l'idée d'évolution peut être aussi bien liée à la mise en question de la validité de la connaissance et à son relativisme qu'à celle du progrès de l'épistémologie, mais c'est beaucoup moins la pensée purement scientifique qui est en cause, comme précédemment, que la culture en général, et plus précisément les idées politiques et sociales. Ce point de vue fut en partie aussi celui de Karl Mannheim qui exerça une influence décisive sur le développement de la sociologie de la connaissance. L'objet véritable de la connaissance ne peut-il pas cependant être mis à l'écart des conditions existentielles étudiées par les sociologues et n'y a-t-il pas, comme le pense Max Scheler, des essences éternelles qui sont d'emblée hors de cause?

Ainsi, un très bref coup d'œil sur les principales étapes de l'histoire de la sociologie de la connaissance suffit à montrer que son objet même est controversé, et que ce sont les problèmes les plus vastes du rapport entre savoir et société qui y sont débattus. C'est pourquoi, à l'inverse de ces grandes théories développées en Europe, le pragmatisme empirique anglo-saxon s'efforce de poser des problèmes plus précis et concrets. Comme le constate Robert K. Merton, la tradition américaine en cette matière est centrée sur l'étude de l'opinion et des croyances populaires. Elle préfère abandonner les préalables philosophiques du rapport entre connaissance et société pour étudier avec des méthodes statistiques des faits précis et bien délimités, par exemple ce qui concerne la diffusion du savoir dans le public. Des techniques d'observation sont mises au point, à cet effet, par des psychologues sociaux.

La sociologie de la connaissance cherche difficilement sa voie dans l'antinomie entre le relativisme des situations sociales et la transcendance de la vérité, cependant que des recherches empiriques se développent pour aborder plus directement des problèmes restreints dans des cadres déterminés. De toute manière, c'est toujours du rapport entre connaissance et cadres sociaux qu'il s'agit, soit dans sa généralité, soit sous des aspects particuliers.

2. Le relativisme et le sociologisme

Les hésitations des précurseurs, Francis Bacon ou Auguste Comte, entre dépréciation ou justification du savoir par ses implications sociologiques sont également celles de Lévy-Bruhl et de Durkheim, le premier insistant sur le relativisme et le second cherchant à faire de la détermination sociologique le fondement d'un nouveau rationalisme.

Lévy-Bruhl et Essertier.

Lucien Lévy-Bruhl, dans ses ouvrages les plus connus, s'est efforcé de mettre en évidence les différences entre ce qu'il nommait la « mentalité primitive » et la pensée occidentale positiviste rationaliste qui s'épanouit dans la science. Au contraire, la mentalité primitive, essentiellement mystique et prélogique, a pour principe la participation, ce qui la rend indifférente aux contradictions. Elle s'observe principalement chez les peuples que nous nommons « primitifs », c'est-à-dire dans les sociétés sans écriture qu'étudient les ethnographes. Il est vrai que, selon Lévy-Bruhl, on peut déceler chez tout individu et dans toute société des processus mentaux rationnels et d'autres qui sont fondés sur la participation. Ainsi, même dans les civilisations les plus évoluées, il subsiste quelque chose de la mentalité primitive, et les primitifs, pour leur part, sont souvent mus par des pensées dont l'enchaînement respecte le principe de contradiction. Mais il n'en est pas moins vrai que, pour cet auteur, nos sociétés sont, en gros, représentatives de la pensée positiviste, tandis que les peuples archaïques fournissent la meilleure illustration de la mentalité primitive.

On pourrait donc être tenté de penser que ce dualisme ne concerne que partiellement la sociologie puisqu'il procède d'une théorie des structures mentales propres à tout individu et de la théorie d'une accentuation différente suivant les types de civilisation. Or les livres de Lévy-Bruhl suggèrent une troisième interprétation. En effet, la mentalité primitive y apparaît comme entièrement déterminée par les « représentations collectives ». Celles-ci sont mystiques et prélogiques et ce sont les liaisons entre elles qui sont régies par la participation. Dans ces conditions, il apparaît que la vie collective est responsable des caractères spécifiques de la mentalité primitive.

A vrai dire, Lévy-Bruhl lui-même n'a jamais explicité une telle conclusion qui, pourtant, découle assez aisément de certaines affirmations de ses études de psychologie collective. Mais un autre sociologue, Daniel Essertier, s'inspirant en grande partie des œuvres de Lévy-Bruhl, a poussé à leurs extrêmes limites certaines suggestions de celui-ci. Il établit lui aussi une distinction de nature entre deux formes de pensée : l'une archaïque, qui s'exprime dans les « formes inférieures de l'explication », et l'autre rationnelle, scientifique qui est propre aux civilisations modernes. Le passage de l'une à l'autre est très exactement dû à un « redressement » de l'explication, c'est-à-dire à une émancipation de la conscience individuelle par rapport à la conscience collective. Ainsi, ce seraient bien les implications sociologiques qui seraient responsables d'une même sorte de déviation de la pensée se perdant dans des fausses explications mystiques et mythiques, inventant les causes au lieu de les rechercher, alors que seule la pensée vraiment individuelle, délivrée des incitations de la vie collective, peut atteindre la vérité.

Durkheim.

Le sociologisme d'Émile Durkheim conduit à des vues totalement différentes. Inspiré par le rationalisme néo-kantien d'Hamelin, l'auteur des *Formes élémentaires de la vie religieuse* cherche en effet dans le caractère collectif de la connaissance le fondement de sa validité. Il s'efforce de montrer que les premières étapes de la pensée rationnelle peuvent s'observer dans les notions, croyances et attitudes religieuses des primitifs qui, elles-mêmes, émanent de la vie collective. Même les catégories logiques sont pour lui d'origine sociale, et la distinction entre le sensible et l'intelligible s'explique par la différence entre l'individuel et le collectif. Cependant, cela ne signifie pas que tout savoir soit également vrai du seul fait qu'il est d'origine sociale. Durkheim reconnaît que chaque société particulière introduit des éléments « subjectifs » dans ses constructions logiques. Mais il pense que ce relativisme va en s'atténuant au fur et à mesure que la conscience collective s'élargit. A la limite, la civilisation, en devenant proprement humaine, conduit à une connaissance véritablement objective. Finalement, tout comme le supposait Comte, mais selon des processus différents, Durkheim lie le progrès de la connaissance à celui de la société, et il pense que c'est le consensus social qui fonde la validité de plus en plus grande du savoir.

La contradiction manifeste entre les conclusions que l'on peut tirer d'une part des thèses de Lévy-Bruhl et Essertier, d'autre part du sociologisme durkheimien conduit à penser que le problème de la sociologie de la connaissance était, dans les deux cas, mal posé, parce qu'il comportait une confusion dangereuse entre l'épistémologie et la sociologie. Celle-ci, en effet, ne saurait se proposer pour but de discréditer ou de légitimer la connaissance en faisant état de ses rapports avec le cadre social, sous peine de se lier à une présupposition philosophique.

Cependant, il faut retenir de ces points de vue opposés quelques enseignements positifs. D'une part, en effet, Lévy-Bruhl a bien montré que les formes et les genres de connaissance varient considérablement suivant les sociétés. Il s'est limité volontairement au dualisme de la mentalité primitive et de la mentalité civilisée, parce que c'est entre ces deux extrêmes que se manifeste avec le plus d'évidence l'importance de la variable sociologique, mais son premier projet consistait à lier à chaque type de société un type différent de connaissance et cela conduisait à un pluralisme assez large. Quant à Durkheim, il a eu le grand mérite de montrer que la nature même du rapport entre connaissance et cadre social peut varier, suivant que la conscience est plus ou moins immanente ou transcendante.

3. Idéologie et connaissance

I. LA CRITIQUE MARXISTE

Si la sociologie de la connaissance doit être conçue comme rigoureusement indépendante de l'épistémologie afin de n'être pas liée à une prise de position philosophique préalable, encore peut-on se poser deux questions : l'épistémologie elle-même peut-elle être totalement détachée des implications sociales? Et la connaissance n'est-elle pas par essence déterminée épistémologiquement par les intentions sociales dans la mesure où elle présente un caractère idéologique?

A la première de ces deux questions, C. Wright Mills répond que les critères de vérité et d'erreur varient eux-mêmes selon les cadres sociaux, les époques et les civilisations, d'autant plus que, comme le remarque J. Dewey, l'épistémologie ne peut être séparée de la méthodologie, dans les sciences sociales notamment. Dans ces conditions, il faut dire que le problème de la vérité se rapporte lui-même à une connaissance qui est justiciable de la sociologie, sans que celle-ci ait pour autant à se substituer à l'épistémologie et à proposer ses propres critères de la vérité. Ici encore, il est évident qu'il faut se limiter à une « mise en perspective » sociologique.

La seconde question, celle qui concerne l'idéologie, conduit à l'examen de la sociologie de la connaissance issue de la réflexion marxiste. L'un des grands mérites de celle-ci est d'abord d'avoir montré que les cadres sociaux servant à la mise en perspective ne sont pas seulement les sociétés globales, les civilisations, mais aussi les différents groupes et surtout les diverses classes sociales qui peuvent orienter la connaissance et même lui conférer des finalités au sein des tensions internes qui agitent les structures sociales et leur impriment une évolution. Ce qui intéresse Marx, c'est en effet la fonction des idées et croyances dans le processus social. C'est pourquoi il les considère comme relatives aux situations sociales, elles-mêmes déterminées, essentiellement, par l'infrastructure économique.

On cite souvent cette affirmation de Marx : « Le mode de production des biens matériels détermine le caractère général des processus sociaux, politiques et intellectuels. Ce n'est pas la conscience que les hommes ont d'eux-mêmes qui détermine leur être, mais au contraire leur être social qui détermine cette conscience » (introduction à la *Critique de l'économie politique*). Ainsi — bien que d'autres facteurs puissent intervenir, et qu'à leur tour les idéologies aient aussi une influence sur la vie sociale — les rapports de production, tels qu'ils apparaissent à travers la lutte des classes, conditionnent la connaissance et les formes de pensée dans ce qu'elles ont d'essentiel, dans leur fonction primordiale. C'est en ce sens que la connaissance est idéologique, en tant que manifestation de l'aliénation. Mais il faut prendre garde tout d'abord que, pour Marx, il peut exister une connaissance non idéologique. Engels estimait que la sphère juridique pouvait avoir sa cohérence en elle-même. Et, surtout, Marx lui-même accordait un statut spécial à l'économie politique et aux sciences naturelles. C'est simplement par ses buts et non par son contenu que le domaine généralement considéré comme celui des « sciences exactes » peut être idéologique. En d'autres termes, l'idéologie englobe surtout la philosophie, la religion, la politique et certaines utilisations des sciences, mais non pas celles-ci dans leur essence. Il faut souligner, en second lieu, que l'aliénation est liée à la lutte des classes et vouée, par conséquent, à disparaître avec celle-ci. Il y a d'ailleurs sur ce point des difficultés de terminologie : si Marx lorsqu'il lie la connaissance à l'aliénation ou à la classe dominante donne un sens péjoratif au terme d'idéologie, il n'en utilise pas moins le mot à propos du prolétariat — mais dans un tout autre sens — l'idéologie du prolétariat étant apte, selon lui, à mettre fin à une situation aliénante — et cela même lorsqu'il semble présenter la théorie marxiste à la fois comme une idéologie et comme une connaissance sûre. Enfin, il faut noter que Marx et Engels n'ont pas toujours conçu de façon très rigide le rapport entre l'infrastructure et la superstructure.

On peut alors conclure que la théorie marxiste lie la sociologie de la connaissance à une idéologie et semble annoncer une désaliénation, c'est-à-dire la fin du relativisme sociologique dans une société sans classes. Tout cela lui a été reproché par Georges Gurvitch. Mais il faut retenir que le marxisme a attiré l'attention sur la fonction sociale de certaines connaissances dans un contexte de luttes des classes et ainsi conduit la sociologie de la connaissance à préciser et diversifier ses cadres de références, en même temps qu'à prendre garde non seulement aux contenus mais aussi aux intentions et même aux mystifications. D'autre part, sur la nature même du rapport entre l'idéologie et les infrastructures économiques, certains disciples de Marx, Georges Lukacs par exemple, ont apporté des assouplissements, en précisant que la sociologie doit surtout rechercher les « points d'imputation » (*Zurechnungspunkte*) des doctrines — ce qui revient à substituer une notion de corrélation à celle du déterminisme — et en faisant remarquer par ailleurs que les catégories historiques du capitalisme ne sont pas nécessairement adéquates pour la compréhension des idéologies des autres types de société, ceux des phases antérieures en particulier.

II. LA PHÉNOMÉNOLOGIE DE SCHELER

La sociologie de la connaissance de Max Scheler ne s'est certes pas développée dans la ligne marxiste, mais elle a été en partie conçue comme une réaction contre le matérialisme dialectique; elle a constitué le pôle phénoménologique qui, à côté du marxisme, a fourni le point de départ à de nombreuses théories — comme celle de Mannheim — axées sur les problèmes de l'idéologie. Max Scheler a voulu détacher la sociologie de la connaissance aussi bien du comtisme que du marxisme. Refusant de réduire le progrès de la connaissance à une marche vers le positivisme, ou de ramener l'implication sociale à une tendance idéologique, il était conduit à respecter la spécificité des différents genres de connaissance en même temps qu'à réduire le relativisme marxiste pour sauvegarder le fondement de la vérité.

Ainsi, contre la loi des trois états d'Auguste Comte, il soutenait que la supériorité de la science positive sur la connaissance religieuse ou philosophique n'est admise que dans certaines sociétés, les sociétés capitalistes occidentales par exemple, alors que c'est tout le contraire dans certaines civilisations asiatiques. En Occident, la connaissance va de la matière à l'esprit; en Orient, elle part de l'esprit pour comprendre la matière. En même temps qu'il s'orientait ainsi vers un pluralisme des genres de connaissance qu'il substituait à un évolutionnisme simpliste, Scheler était amené à diversifier les facteurs sociaux en cause, critiquant ainsi Marx qui les réduisait trop aisément à l'unité par son insistance sur l'infrastructure économique. Il n'y a pas, dit-il, de variable indépendante et constante qui façonne les idéologies mais on voit apparaître, au cours de l'histoire, des « facteurs réels » qui sont plutôt des impulsions et qui se différencient ainsi des idéaux; ces facteurs ne déterminent par les idéaux, pas plus que les idées pures ne peuvent s'actualiser sans l'action des facteurs réels. C'est pour cela qu'il n'y a pas de variable indépendante constante. Selon les temps et les lieux, c'est donc tel ou tel facteur existentiel qui conditionne la pensée collective. Dans les sociétés anciennes, le facteur primordial était constitué par les liens de sang, puis ce fut le pouvoir politique et enfin, comme Marx l'a vu, mais seulement pour les sociétés modernes, l'infrastructure économique. Scheler concilie ainsi le naturalisme comtien et le relativisme marxiste avec la notion platonicienne des essences éternelles qui justifient la connaissance au-delà de ses déterminations existentielles sociologiques.

De Scheler il faut surtout retenir la tendance au pluralisme, et en particulier l'idée qu'il y a plusieurs genres de connaissance, et qu'il appartient aux divers cadres sociaux d'accentuer ou de privilégier tel ou tel genre. Ces genres de connaissance (théologique, mythique, philosophique, psychosociologique, positive, perceptive, technique, scientifique, etc.) peuvent se grouper sous trois titres principaux : connaissance de maîtrise et d'efficience (*Herrschaft und Leistungen*), connaissance culturelle (*Bildungswissen*) et connaissance libératrice (*Erlösungswissen*). Cette dernière conduit à la sagesse.

III. LA GÉNÉRALISATION DE MANNHEIM

Dans *Sociologie de la connaissance,* Karl Mannheim s'est proposé de réfuter la prétention de Scheler qui voulait maintenir l'immuabilité des essences en même temps qu'accepter le relativisme des déterminations idéologiques. Si Mannheim a tenté, comme Scheler, d'élargir le point de vue marxiste, il n'a pas su s'orienter vers le pluralisme.

Ainsi, tandis que Marx semblait lier les erreurs et mystifications aux préjugés de classe, Mannheim préféra admettre que toutes les idées, même vraies, étaient influencées par le contexte social. En outre, il estima qu'il ne fallait pas limiter le conditionnement à celui de la classe sociale, mais étudier aussi le rapport avec les divers groupes. Tout comme Marx, il centra les problèmes sur l'idéologie, mais en essayant de préciser cette notion et de la rendre plus utilisable en sociologie. Si une pensée est idéologique lorsque sa fausseté est liée à une situation sociale, il faut toutefois, selon Mannheim, distinguer l'idéologie particulière — qui s'applique seulement à certaines assertions de l'adversaire et pose un problème psychologique — de l'idéologie totale — qui concerne le système de pensée dans son ensemble et le rapporte à la situation sociale.

La sociologie de la connaissance doit dépasser la polémique de Marx qui qualifiait d'idéologie la pensée de l'adversaire dans la mesure où elle est déterminée par sa position sociale dans une classe. C'est en allant jusqu'au bout de la généralisation qu'on transforme la notion d'idéologie en méthode de recherche sociologique. Pour le sociologue, la pensée de tout groupe, y compris le sien, est idéologique. Ainsi, la sociologie de la connaissance est une théorie des conditions sociales ou existentielles de la pensée. Tel groupe dans tel contexte peut avoir mieux que d'autres une compréhension d'un phénomène social, mais cette compréhension est toujours relative. Les « intellectuels » qui, par rapport aux autres classes, constituent une catégorie flottante, libre, peuvent, eux, se détacher de leur situation propre et approcher d'une compréhension totale, non idéologique. La sociologie de la connaissance doit comprendre à la fois une théorie et une méthode de recherche historique et sociologique.

La théorie de Mannheim a l'avantage de détacher le relativisme marxiste de ses finalités politiques; mais elle revient d'une certaine manière à compromettre la validité de la connaissance par son relativisme sociologique sans contrepartie. D'autre part, Mannheim présente trop exclusivement la sociologie et la connaissance comme un élargissement de la théorie de l'idéologie. Et Stark a quelque raison de lui reprocher, comme aux marxistes (y compris Lukacs dont Mannheim reprend la notion d'imputation), de compromettre la sociologie en confondant la mise en perspective sociologique avec l'étude de l'idéologie. En outre, comme le note Merton, on ne voit pas bien à quels genres de connaissance cette méthode s'applique ou ne s'applique pas. Il est certain que, comme les marxistes, Mannheim pense surtout aux connaissances philosophiques, historiques et politiques. Les sciences exactes comportent-elles un coefficient d'idéologie? Il ne le dit pas clairement. De quelle nature est le rapport entre l'idéologie et les conditions existentielles? S'agit-il d'une causalité? Mannheim parle souvent d'une « correspondance », et même d'une action réciproque. Sur ce point non plus il ne dissipe pas les obscurités de ceux qui l'ont précédé.

Trois conclusions paraissent s'imposer : il faut effectivement dissocier la sociologie de la connaissance de celle des idéologies; il faut distinguer, comme le suggérait Scheler, plusieurs genres de connaissances et enfin la sociologie ne doit pas prendre à son compte la question de savoir si la relation avec les cadres sociologiques discrédite ou légitime la connaissance.

4. Connaissance et cadres sociaux

I. SOROKIN

Il est clair que la sociologie ne peut éluder le problème de la nature des rapports entre connaissance et cadres sociaux. Mais seul Sorokin a fait une tentative pour aborder le problème en admettant que les systèmes de connaissance sont plus ou moins intégrés aux cadres sociaux. Il a même proposé d'étudier quantitativement ce degré d'intégration à partir de mesures statistiques. Selon lui, les critères de vérité peuvent se ramener essentiellement à trois : la mentalité spiritualiste, d'une part, qui conçoit la réalité comme un « Être immatériel éternel »; la mentalité sensualiste, d'autre part, qui cherche à satisfaire les besoins physiques — et Sorokin se montre très critique à son égard —; enfin, entre les deux, la mentalité idéaliste qui cherche un équilibre dans le rationalisme.

On passe d'une mentalité à l'autre par une sorte de mouvement cyclique mais lorsque l'une domine, les autres n'en sont pas pour autant totalement éclipsées. Le système sensualiste, en particulier, qui paraît caractériser notre civilisation, n'est jamais entièrement intégré.

On a reproché à Sorokin de se fonder sur un raisonnement tautologique puisqu'il définit un système culturel par les conséquences qu'il observe, et de tendre par ailleurs à réduire l'essentiel de la connaissance à des attitudes philosophiques, dont les développements scientifiques et techniques ne seraient que des applications. Mais il faut lui reconnaître le mérite d'avoir posé le problème des degrés d'intégration, d'avoir cherché à trouver des méthodes, montré la complexité des cadres de référence, et enfin d'avoir tenté de mettre le problème de la vérité à l'abri d'un relativisme qui s'étend pourtant jusqu'aux critères.

II. LE PLURALISME DE GURVITCH

Genres et formes de savoir.

Il restait d'une part à mieux tenir compte des divers aspects de la connaissance et d'autre part à faire échapper la relation entre connaissance et société aussi bien au tautologisme qu'au déterminisme sans nuance. C'est précisément ce qu'a voulu faire Georges Gurvitch dans le cadre d'une sociologie pluraliste qui se propose de rechercher les corrélations fonctionnelles. Il ne s'agit donc plus de prétendre que telle structure produit telle idéologie, mais de voir comment tel cadre social accentue tel ou tel aspect du savoir. Mais en mettant ainsi en évidence le coefficient social de toute connaissance, on ne se propose ni de l'invalider ni de la « désaliéner », car c'est à l'épistémologie qu'il appartient de juger de la véracité du savoir. On ne suppose pas davantage d'ailleurs que tout jugement cognitif doit avoir une valeur universelle. En renonçant à un rapport de causalité, on n'exclut pas le caractère dialectique de la mise en perspective sociologique et l'on affirme même un rapport dialectique entre connaissances individuelles et connaissances collectives.

Gurvitch commence donc par définir la sociologie de la connaissance comme l'étude des corrélations fonctionnelles qui peuvent être établies entre les différents types de connaissance et les divers cadres sociaux. Par ces derniers, il faut entendre les échelons de la réalité sociale, c'est-à-dire les sociétés globales (civilisations, nations, etc.), les classes sociales, les groupements particuliers et même les éléments microsociaux. Quant aux types de connaissance, ils sont de deux sortes, car il faut distinguer d'une part les genres, les objets du savoir, et d'autre part les formes, ou orientations méthodologiques. Dans cet esprit, Gurvitch distingue sept genres de connaissance : la connaissance perceptive du monde extérieur, la connaissance d'autrui et des sociétés, la connaissance technique, la connaissance du sens commun, la connaissance politique, la connaissance scientifique, la connaissance philosophique ; et six formes de connaissance qui sont définies par des dichotomies, c'est-à-dire des pôles extrêmes entre lesquels elle peut osciller. C'est ainsi que la connaissance peut être mystique ou rationnelle, empirique ou conceptuelle, positive ou spéculative, intuitive ou réflexive, symbolique ou adéquate, collective ou individuelle. Ces dichotomies s'appliquent plus ou moins aux différents genres de connaissance, mais il est clair qu'en combinant les caractéristiques des genres et des formes on peut obtenir un éventail assez large pour permettre d'établir une typologie commode. Il est vrai que Gurvitch présente lui-même celle-ci comme un premier essai. On peut en effet se demander si, par exemple, la connaissance du sens commun constitue bien un genre spécifique, et s'il n'y aurait pas lieu de faire une place particulière à la connaissance religieuse ou à la connaissance artistique. Mais il fallait bien, pour montrer la possibilité d'une sociologie pluraliste, proposer une conceptualisation, tout au moins en énoncer le principe.

La hiérarchie sociale des connaissances.

La principale tâche de la sociologie de la connaissance, dans ces conditions, consiste à observer de quelle manière tel ou tel cadre social favorise tel ou tel genre et telle ou telle forme, c'est-à-dire telle ou telle hiérarchie des genres et des formes de connaissance, et aussi comment celles-ci peuvent y constituer des systèmes de connaissance. On est loin, on le voit, d'une étude limitée à la critique des idéologies et l'on se rapproche d'une étude des mentalités, mais en lui ôtant son caractère tautologique, puisque les systèmes sont ici rapportés à des hiérarchies saisissables comme telles.

Pour chaque sorte de cadre sociologique, une telle analyse peut être présentée qui doit, suivant les cas, s'appuyer sur des documents ethnographiques, historiques, littéraires ou sur des enquêtes empiriques. Par exemple, dans les sociétés globales de type féodal, qui ont existé à des époques diverses aussi bien en Europe qu'en Orient et en Extrême-Orient et qui présentent des caractéristiques sociologiques particulièrement constantes, il faut, pour être précis, prendre en considération les diverses hiérarchies de groupements rivalisant au sein de la structure d'ensemble, de telle sorte que l'accentuation des connaissances peut varier selon qu'on a affaire par exemple à des hiérarchies militaires (rapport vassal-suzerain), ou à des hiérarchies patrimoniale, monarchique, ecclésiastique, ou encore à des villes libres, ces deux derniers secteurs étant ceux où la connaissance joue le rôle le plus important.

Pour résumer, disons que dans les sociétés féodales occidentales, la hiérarchie dominante des connaissances est la suivante : l'élément le plus important est la connaissance philosophique, avec une orientation théologique et sous des formes diverses, étant donné que dans l'Église elle est plutôt mystique, conceptuelle, intuitive et positive, tandis que dans les villes, elle est plutôt rationaliste, empiriste, réflexive et spéculative (ces deux aspects s'entrepénètrent d'ailleurs dans les universités). En seconde position, vient la connaissance des sociétés et des groupes, sauf toutefois dans l'Église et dans l'État où elle est négligée. Puis vient la connaissance du sens commun, puis la connaissance politique, la connaissance technique et la connaissance scientifique (sous des formes conceptuelles, symboliques et positives mais en même temps parfois mystiques), celle-ci étant peu orientée vers la technique, malgré l'importance de cette dernière. La connaissance perceptive du monde extérieur dispute la dernière place à la connaissance scientifique. Au contraire, si l'on envisage le type de société globale correspondant au capitalisme concurrentiel, précédant le capitalisme organisé, on remarque que la connaissance scientifique est au sommet de la hiérarchie et précède la connaissance technique; la connaissance du sens commun étant la plus négligée [1].

De la même manière, on étudiera comment, à l'intérieur d'une société donnée, les diverses classes sociales favorisent ou défavorisent telle ou telle forme de connaissance. Dans la classe paysanne, par exemple, il apparaît que la connaissance perceptive du monde extérieur est la plus développée, ce monde extérieur étant saisi dans des étendues égocentriques et diffuses et dans des temps saisonniers; puis vient la connaissance du sens commun à laquelle est liée une connaissance politique — plus développée là qu'on ne le croit d'ordinaire mais qui se cristallise rarement dans une doctrine. Au contraire, dans la classe bourgeoise, où le savoir est dans l'ensemble fortement valorisé, l'accent est surtout mis sur les connaissances scientifiques et techniques et la connaissance perceptive qui toutes trois s'entrepénètrent et débouchent sur une connaissance politique souvent cristallisée en doctrines. Cependant, c'est surtout dans la classe prolétarienne que la connaissance politique domine.

Bien entendu, ce ne sont là que de brèves indications pour montrer en quel sens peut s'engager une sociologie

1. Dans la seconde moitié du XXe siècle, il est intéressant de voir la connaissance scientifique et technique (indiscutée à l'époque positiviste) mise en cause dans certains milieux intellectuels.

pluraliste de la connaissance. Mais Georges Gurvitch a donné lui-même l'exemple d'études très fouillées et de recherches empiriques, concernant par exemple la connaissance technique dans l'Antiquité, ou bien la connaissance technique du monde extérieur chez les habitants d'une ville moderne, ou encore la connaissance sociologique (surtout la connaissance d'autrui) dans différents groupes socio-professionnels.

Cependant, si l'établissement de hiérarchies de genres et de formes de connaissance en corrélation avec les cadres sociaux donnés constitue la première tâche de la sociologie de la connaissance, celle-ci ne saurait s'arrêter là. Il lui faut encore montrer comment ces accentuations variées conduisent à des systèmes de connaissance et en dessiner au besoin l'évolution. Elle doit aussi étudier le rôle du savoir et de ses représentants dans les divers cadres sociaux, et la manière dont il se transmet ou se diffuse. Sur ces derniers points, Gurvitch n'a pas eu le temps d'aller au-delà de simples suggestions. C'est dans ces domaines pourtant que la sociologie de la connaissancc, surtout cn Amérique, a accompli de grands progrès et réalisé des travaux limités mais appuyés sur des recherches positives.

5. Rôles sociaux et diffusion du savoir

Bien qu'elles débordent très largement le cadre de la sociologie de la connaissance, les théories de Georges Herbert Mead avaient déjà, tout à la fois, insisté sur l'importance de la communication dans le développement de la pensée, sur la part des rôles sociaux dans l'élaboration de la connaissance réflexive, sur l'intériorisation de ces rôles et finalement sur le fait que le progrès du savoir ne peut se concevoir qu'à travers les relations sociales.

Ces indications devaient être en grande partie reprises par Florian Znaniecki, désireux d'étudier les cheminements de la pensée cognitive et de ses messages à travers les structures sociales, en tenant compte des rôles assignés aux personnes qui inventent ou qui diffusent le savoir, en analysant aussi la fonction des cercles sociaux qui structurent l'audience et le public dans ce domaine. Car la plupart des sociologues avaient jusque-là appliqué à la sociologie de la connaissance une conceptualisation des cadres sociaux trop générale, et Znaniecki préfère prendre en considération les cadres spécifiques (groupes, organismes, publics) directement concernés par le problème en question. Les techniciens, les « sages », les savants, les enseignants, les vulgarisateurs, les créateurs ne sont pas des hommes isolés, mais ils anticipent pour ainsi dire la demande du public, et la connaissance qu'ils peuvent promouvoir ou diffuser n'est pas sans rapport avec leur rôle social dans un type particulier de société.

On peut ainsi établir une typologie des rôles sociaux des « hommes de connaissance » puis mettre ces rôles en rapport avec la recherche scientifique, avec l'acceptation des messages culturels par le public, avec l'accentuation des différents genres de connaissance.

L'ambition théorique de la sociologie de la connaissance se trouve ainsi limitée, en même temps que s'ouvrent devant elle de vastes et nombreux terrains d'enquêtes empiriques. Deux directions qui font d'ailleurs l'objet de travaux importants sont à retenir. Il s'agit d'une part de la sociologie de l'éducation, plus particulièrement celle de l'enseignement, qui s'efforce de comprendre les fonctions et les effets de l'école et de l'Université dans des structures sociales données. Des événements sociaux et politiques attirent d'ailleurs de plus en plus l'attention sur cette question des rapports réciproques, des adaptations et inadéquations entre les institutions scolaires et les fonctions de la société globale. C'est du reste l'un des domaines où la réflexion sociologique étayée par des enquêtes débouche le plus directement sur des applications pratiques.

D'autre part, et principalement aux États-Unis, plusieurs groupes de chercheurs se sont préoccupés des effets des nouveaux moyens de diffusion audio-visuels. Certains, comme Mac Luhan, vont jusqu'à déclarer que tout le système culturel de notre civilisation est remis en question par ces moyens, comme il l'avait été précédemment par l'invention de Gutenberg. D'autres étudient plus minutieusement les réactions du public de la télévision ou se préoccupent de définir les effets possibles d'une « culture de masse ». En ce qui concerne la connaissance politique, de nombreuses études concernant l'opinion publique apportent des indications intéressantes. Finalement, les problèmes classiques de l'idéologie font place à des considérations plus fragmentaires et plus positives. Ainsi, Lewis S. Feuer pense pouvoir lier l'idée de causalité multiple à la situation particulière des universitaires qui leur permet un certain détachement. D'autres auteurs insistent, à la suite de Wright Mills, sur les conditions particulières de la vie culturelle dans les localités, les groupes professionnels, qui sont plus ou moins adaptés à la culture globale. Et ces études peuvent parfois rejoindre d'autres travaux entrepris dans un cadre plus vaste — soit anthropologique avec divers représentants de l'école culturaliste, soit sociologique avec From par exemple — pour discerner les effets pathologiques de certains aspects de la culture dans un cadre social déterminé. Enfin, d'autres travaux sont plus spécialisés, ceux par exemple qui concernent la diffusion de la psychanalyse dans divers milieux ou l'adoption par les médecins de nouvelles techniques thérapeutiques, ce qui a permis de déceler le rôle des « leaders d'opinion ».

La sociologie de la connaissance paraît s'être affranchie

des présuppositions philosophiques et des ambitions épistémologiques en s'orientant vers la recherche des corrélations fonctionnelles entre divers types de connaissance et des cadres sociaux définis de façon adéquate. Plusieurs perspectives restent ouvertes. Selon la tradition marxiste, on poursuit le travail de critique idéologique dans le contexte de la lutte des classes. De nombreuses recherches empiriques portent sur le rôle des créateurs et des éducateurs ou sur celui des organes de diffusion et celui du public récepteur. Cependant, les études approfondies sur des problèmes étroitement circonscrits ne doivent pas éliminer complètement les vues d'ensemble et la conceptualisation théorique.

Bibliographie

Adler E., « The sociology of knowledge since 1918 », *Midwest Sociologist*, Edwardsville (Ill), 17, 1955.

Adorno T. W., *Zur Metakritik der Erkenntnistheorie*, Stuttgart, 1956.

Bacon F., *Novum Organum scientiarum*, Londres, 1891.

Baldwin J. M., *Interprétation sociale et morale des principes du développement mental*, Paris, Giard et Brière, 1899. (*Social and Ethical Interpretations in Mental Development*, New York, 1897.)

Barber B., *Science and the Social Order*, New York, Mac Millan, 1970.

Bernal J.; *The Social Function of Science*, Cambridge (Mass.), MIT Press, 1967.

Berger P. et Luckmann T., *The Social Construction of Reality*, Penguin Press, 1967.

Cazeneuve J., « Sociologie de la connaissance et radiotélévision », *Diogène*, UNESCO, juil-sept. 1962.

Childe V. G., *Society and Knowledge*, Londres, G. Allen and Unwin, 1956.

Comte A., *Cours de philosophie positive*, Paris, 1830-1842, 6 vol.

De Condorcet J. A. N., *Esquisse d'un tableau historique des progrès de l'esprit humain*, Paris, 1795.

Corten A., *Valeurs sociales et Économies au seuil de la connaissance*, Louvain-Paris, Nauwelaerts, 1967.
Curtis E. et Petras J. W., *Sociology of Knowledge*, Londres, Duckworth, 1970.
De Gre G., *Society and Ideology*, New York, 1943.
Dewey J., *Freedom and Culture*, New York, Putnam's, 1963.
Durkheim E., « De quelques formes primitives de classification », *Année sociologique*, 1901-1902.
— *Les Formes élémentaires de la vie religieuse*, Paris, 1912.
Durkheim E. et Bougle C., « Les conditions sociologiques de la connaissance », *Année sociologique*, n° 11, 1906-1909.
Essertier D., *Les Formes inférieures de l'explication*, Paris, 1927.
Feuer L. S., « The Economic Factor in History », in *Science and Society*, 1940.
Fromm E., *The Fear of Freedom*, Londres, Kegan P., 1942.
Geiger T., *Ideologie und Wahrheit*, Berlin, Neuwied H. Luchterhand, 1968.
Grunwald E., *Das Problem der Soziologie des Wissens*, Vienne-Leipzig, 1934.
Goldmann L., *Sciences humaines et Philosophie*, Paris, PUF, 1952.
Gurvitch G., *Les Cadres sociaux de la connaissance*, Paris, PUF, 1966 (bibliographie importante).
Izzo A., *The Sociology of Knowledge in Italy*, Bologne, Patron, 1968.
Jerusalem W., « Soziologie des Erkennens », in *Die Zukunft*, n° 67, 1909.
Lazarsfield P. F., Berelson B. et Gaudet H., *The People's Choice*, New York, Columbia University Press, 1949.
Lenk K., *Ideologie, Ideologiekritik und Wissenssoziologie*, Berlin, Luchterhand, 1964.
Lévi-Strauss C., *La Pensée sauvage*, Paris, Plon, 1962.
Lévy-Bruhl L., *Les Fonctions mentales dans les sociétés inférieures*, Paris, Alcan, 1918.
— *La Mentalité primitive*, Paris, PUF, 1947.
Lieber H. J., *Wissen und Gesellschaft*, Tübingen, 1952.
Lukacs G., *Histoire et Conscience de classe* (*Geschichte und Klassenbewusstsein*), Paris, Éditions de Minuit, 1960.
Machlup F., *The Production and Distribution of Knowledge in the United States*, Princeton (N. J.), 1962.
Mac Luhan H. M., *La Galaxie Gutenberg*, Paris, Mame, 1967. (*The Gutenberg Galaxy*, University of Toronto Press.)
Mannheim K., *Die Strukturanalyse der Erkenntnistheorie*, Berlin, 1922. Trad. de l'anglais par P. Rollet, Paris, Éd. M. Rivière, 1956.
— *Ideologie und Utopie*, Bonn, 1929.

— *Essays on the Sociology of Knowledge*, Londres, Routledge et Kegan, 1952.

Maquet J., *Sociologie de la connaissance*, Bruxelles, Éd. de l'Institut de sociologie, 1969.

Marcuse H., *L'Homme unidimensionnel* (*One-Dimensional Man*), Paris, Éditions de Minuit, 1968.

Maunoury J. L., *Économie du savoir*, Paris, Colin, 1972.

Marx K. et Engels F., *L'Idéologie allemande*, Paris, G. Badia, 1968.

Mead G. H., *Mind, Self and Society*, Chicago, 1934, trad. française : Paris, PUF, 1963.

Merton R., *Social Theory and Social Structure*, Free Press of Glencoe, Illinois, 1949.

— « La sociologie de la connaissance », in G. Gurvitch et W. E. Moore, dir., *La Sociologie au* XXe *siècle* (*Twentieth Century Sociology*), Paris, 1948, 2 vol.

Namer G., « Sociologie de la science et sociologie de la connaissance », *Cahiers internationaux de sociologie*, 1969, p. 351 s.

— « Rousseau sociologue de la connaissance », *Année sociologique*, vol. 23, p. 972, p. 121 s.

— « Problèmes nouveaux de la sociologie de la connaissance », *Bulletin de la société française de sociologie*, juin 1975, p. 3 s.

— « Sociologie de la connaissance et éducation permanente », *Cahiers ISMEA, Économies et Sociétés*, série « Économie et sociologie », janvier 1975, p. 45 s.

Nef J. U., *Fondements culturels de la civilisation industrielle (Cultural Foundations of Industrial Civilization)*, Paris, Payot, 1964.

Parsons T., *Essays in Sociological Theory*, Glencoe, The Free Press, éd. révisée, 1958.

— « The Role of Ideas in Social Action », *American Sociological Review*, oct. 1938.

Schaaf J. J., *Grundprinzipien der Wissenssoziologie*, Bern-München Francke, 1960.

Scheler M. F., *Die Wissenformen und die Gesellschaft*.

Schramm W. L., *Mass Communications*, University of Illinois Press, 1960, 2e éd.

Sorokin P. A., *Social and Cultural Dynamics*, New York, American Book Co, 1937, vol. 2.

Stark W., *The Sociology of Knowledge*, Londres, Routledge and Kegan, 1958.

Stern B. J., *Social Factors in Medical Progress*, New York, AMS Press, 1927.

Veblen T., *The Place of Science in Modern Civilization*, New York, Russell, 1961.

Weber A., *Kulturgeschichte und Kultursoziologie*, München, Éd. Piler and Co, 1950.
Wilson L., *The Academic Man*, New York, Londres, Oxford University Press, 1942.
Wright Mills C, *Power Politics and People*, New York, Oxford University Press, 1963.
Ziman J., *Public Knowledge*, Cambridge University Press, 1968.
Znaniecki F., *The Social Role of the Man of Knowledge*, New York, Columbia University Press, 1940.

4
Typologie

La sociologie, pour décrire ses objets, ne peut se borner à en cerner les contours ou à en recenser les aspects à travers les notions d'organisation, de civilisation, de connaissance. Elle doit aussi en organiser l'inventaire.

Dans les sciences de la nature, les objets d'expérience se classent en différentes catégories, genres et espèces, par exemple, ayant des caractéristiques constantes. Dans les sciences sociales, où les réalités présentent un degré plus élevé de singularité, on ne peut espérer parvenir à un certain degré de généralité sans avoir recours à une méthode typologique.

Platon employait le mot *typos* (τυποϛ) dans le sens d'une représentation schématique où s'exprime l'essence d'une chose ou d'un être. Mais, dans les sciences sociales, ce mot peut avoir des significations différentes. Durkheim [1], précisant les indications données par Spencer, a nettement établi la nécessité d'une typologie en sociologie : il y voit le moyen de fournir un moyen terme entre le nominalisme des historiens et le réalisme philosophique. Pour établir une classification des phénomènes sociaux, il faut, dit-il, choisir les caractères essentiels, ce qui le conduit à faire résider la typologie dans la morphologie, en partant de la société la plus simple pour étudier des modes de groupement de plus

1. Émile Durkheim, *Règles de la méthode sociologique* (Alcan, 1895), chap. IV. Voir aussi M. Steinmetz, « Classification des types sociaux », *Année sociologique* (1898, tome III), p. 450.

en plus complexes. Il s'agit donc d'une typologie génétique. Dans *le Suicide,* Durkheim propose de constituer les types sociaux en en classant les causes, c'est-à-dire en examinant les conditions sociales qui les produisent, puis en regroupant ces conditions selon leurs ressemblances et leurs différences en un certain nombre de « classes séparées », auxquelles correspond un type du phénomène étudié. De toute manière, il s'agit de retenir les faits sociaux importants et caractéristiques.

Dans la pratique, ainsi que nous l'avons déjà vu, on a souvent cherché à établir une typologie sociale à partir d'un facteur considéré comme prédominant. Certains retiennent le facteur démographique (Malthus et, plus partiellement, Riesman), d'autres le facteur technologique (pierre taillée, pierre polie, métaux, machinisme, etc.) ou le système de communication (Mac Luhan) ou les genres de connaissance (Auguste Comte), ou l'économie. Le plus fréquemment, on aboutit ainsi à une typologie évolutive qui distingue différentes étapes dans le devenir des sociétés.

1. La typologie de Gurvitch

Gurvitch [1] a critiqué les typologies fondées sur un facteur prédominant en leur reprochant de trop simplifier la réalité et de dissimuler une conception finaliste de l'évolution. Il a d'autre part montré que la typologie distingue la sociologie de l'histoire, en donnant à la première un caractère « discontinuiste » qui lui permet de dépasser l'analyse du changement et de mieux saisir les ruptures. Mais, pour lui,

1. Georges Gurvitch, *La Vocation actuelle de la sociologie* (PUF, 1963, tome 1, 3e éd.).

cette typologie doit être réaliste : il faut constituer les types sociaux en combinant différents critères à partir de l'observation des phénomènes réels. Il établit ainsi une série de types, à tous les niveaux du phénomène social total et selon les cadres sociaux.

C'est à propos des sociétés globales qu'on peut, selon lui, chercher la typologie la plus concrète, tandis que celle des groupements est concrète-abstraite, celle de la micro-sociologie (les formes de sociabilité, la communauté, la communion, les rapports avec autrui) restant plutôt abstraite.

Mais les sociétés globales, les cadres « les plus riches de contenu et d'ascendant dans une réalité sociale donnée », sont-ils les tribus, les nations, les États? Gurvitch ne le dit pas clairement mais il pensait évidemment que, dans chaque cas concret, le niveau auquel se situait réellement la société devait apparaître au sociologue. Il met d'ailleurs sur la voie d'une solution facile en indiquant un caractère de la société globale de dimension relativement grande lorsqu'il écrit : « Au point de vue morphologique, les sociétés globales sont, pour la plupart, de très vaste envergure; ce caractère se retrouve dans les nations modernes aussi bien que dans les empires orientaux ou dans la Rome impériale... Seules les tribus, les sociétés patriarcales et certaines cités antiques ont été d'envergure souvent réduite, sans, d'ailleurs, que la tendance vers l'expansion fasse défaut [1]. » Par ailleurs, tout en maintenant sa distinction fondamentale entre la structure et le phénomène social total, notre auteur reconnaît que cette typologie extrêmement concrète ne peut guère être établie si l'on ne prend pas en considération surtout les structures. Dans la pratique, donc, lorsque le sociologue classe des sociétés globales, il désigne des unités politiques organisées à l'échelon le plus haut, c'est-à-dire des États. C'est d'ailleurs ce qui apparaît clairement dans la

1. *Ibid.*, p. 447-448.

liste des types proposés. En effet, après avoir établi une distinction (sur laquelle il nous faudra revenir) entre les sociétés archaïques d'une part, et les sociétés historiques ou plus exactement prométhéennes de l'autre, Gurvitch divise celles-ci en dix catégories dont les quatre dernières concernent le monde actuel, et auxquelles nous avons déjà fait allusion.

1. Les théocraties charismatiques, dont les exemples sont pour la plupart des États de l'Antiquité ou de l'Orient plus récent, atteignant souvent la taille d'empires (Babylone, Assyrie, Royaume hittite, Égypte, Perse, Chine et Japon, anciens Incas du Pérou, Indes, khalifats islamiques sous les dynasties des Omeyyades et des Abbassides).

2. Les sociétés patriarcales, dont les structures correspondent aux petits fiefs des « barons des îles » ou aux royaumes décrits par Homère, tout comme aux sociétés qui constituent la toile de fond de l'Ancien Testament, et dont on peut trouver des survivances dans la monarchie franque du VIe au IXe siècle.

3. Les sociétés féodales, dont on observe des exemples, à des époques différentes, en Europe, en Chine, au Japon.

4. Les cités-États devenant empires dont les mieux étudiées sont la Polis grecque et la Civitas romaine de l'Antiquité classique.

5. Les sociétés globales donnant naissance au début du capitalisme et à l'absolutisme éclairé, telles qu'elles ont fleuri en Europe occidentale aux XVIIe et XVIIIe siècles.

6. Les sociétés globales démocratico-libérales correspondant au capitalisme concurrentiel développé qui furent

largement représentées en Europe et en Amérique au XIXe siècle.

7. La société dirigiste correspondant au capitalisme organisé pleinement développé.

8. Les sociétés fascistes à base techno-bureaucratique.

9. La société planifiée selon les principes de l'étatisme collectiviste centralisateur.

10. Les sociétés planifiées selon les principes du collectivisme pluraliste décentralisateur.

Sans doute, comme en serait volontiers convenu Georges Gurvitch, cette classification n'est-elle pas à l'abri de toute critique et pourrait-elle être modifiée. Du moins est-elle, dans son esprit, la démonstration de ce que peut être une typologie des espèces d'unités globales qui ont existé ou qui existent dans les sociétés historiques.

Mais l'important est de voir dans quelle mesure elle constitue un cadre de références utile pour l'investigation sociologique. Selon Georges Gurvitch, elle permet d'étudier et de caractériser, dans chaque type de structure, la combinaison des formes de sociabilité, la hiérarchie des groupements, l'accentuation des paliers en profondeur au sein du phénomène social total, l'échelle des modes de division du travail et d'accumulation, la hiérarchie des réglementations, le système des œuvres de civilisation, l'échelle des temporalités, l'accentuation des différents déterminismes. En d'autres termes, à chaque type de société globale correspond un agencement particulier de tous les aspects de la réalité collective, et par conséquent des rapports entre celle-ci et les individus qui la constituent. Finalement, c'est aussi bien le phénomène psychique total qui est en question, dans sa relation avec le cadre social. Cela revient à dire que l'utilité de cette typologie est, entre autres, de dégager les différents modes d'action culturelle des principales sortes de structures globales que nous pouvons observer dans l'histoire.

Dans ces conditions, on peut se demander si la ligne de clivage entre les unités envisagées n'est pas donnée aussi bien par la spécificité culturelle que par la structure politique. Autrement dit, la société globale rangée dans la catégorie des cités-États devenant empires pourrait bien être le monde hellénique plutôt que telle ou telle cité particulière (Athènes ou Sparte), et celle qui est subsumée sous le titre de société féodale pourrait être la civilisation chinoise classique ou l'Europe médiévale plutôt que tel ou tel État constitué au sein de ces ensembles. Georges Gurvitch avait bien vu l'équivoque résultant de ces classifications en ce qui concerne l'unité prise comme base de typologie. Il a finalement, et avec beaucoup de sagesse, renoncé à prendre parti sur ce point. « Toute société globale, écrit-il, participe à une civilisation et contribue à la créer. On ne peut ni considérer à part, ni identifier société globale et aire de civilisation. Il est facile de remarquer qu'entre une société globale, sa structure cimentée par les œuvres de civilisation et cette civilisation elle-même, il existe des rapports dialectiques qui doivent être étudiés dans toutes leurs sinuosités concrètes [1]. »

Cela signifie que, suivant les problèmes à examiner, il sera plus indiqué de prendre comme cadre tantôt l'État, tantôt l'aire culturelle, étant bien entendu que dans certains cas la seconde englobe plusieurs des premiers sur la carte géographique et que, dans d'autres cas, l'une et l'autre se confondent. Par exemple, on aura parfois intérêt à étudier un phénomène social au sein du monde hellénique et

1. *Ibid.*

parfois à se limiter à la cité athénienne ou spartiate. Il n'est pas exclu non plus qu'on puisse pour l'époque actuelle se référer tantôt à la civilisation industrielle, tantôt à la France, à la Hollande, aux États-Unis. Bref, où est la société globale sinon dans le cadre le plus large où est réellement vécue la réalité qu'on étudie? Dans ces conditions, on voit où peut être la place de la psychologie des peuples. Elle se situe précisément dans ces rapports dialectiques dont parlait Gurvitch. Elle est un moment de cette dialectique, celui-là même qui est probablement le plus opportun pour saisir l'impact d'une culture sur les membres et même sur la totalité de la société globale. Partant d'un tout autre point de vue, Claude Lévi-Strauss nous conduit probablement à la même conclusion, lorsqu'il écrit : « L'ensemble des coutumes d'un peuple est toujours marqué par un style. Elles forment des systèmes [1]. » L'unité de style, c'est peut-être ce qui constitue le critère le plus adéquat de la délimitation d'une société globale.

On objectera alors qu'il subsiste une grande différence entre les deux points de vue confrontés ici. Un peuple est une totalité qui se maintient avec une certaine spécificité au cours des âges, tandis que les types de sociétés globales désignés par Georges Gurvitch sont des étapes dans la vie des peuples. Cela est évident, et sans doute la sociologie, à ce niveau, est-elle condamnée à être toujours écartelée entre deux nécessités : retenir la continuité humaine à travers les générations et définir les contextes historiques qui différencient chaque étape de la vie sociale et la font, d'un certain point de vue, ressembler plus à une autre prise dans le même type de structure globale qu'à elle-même dans une autre phase de son devenir. Bref, on peut se demander si les transformations d'une culture dans par exemple la cité-État, la féodalité, l'ère

1. Lévi-Strauss, *Tristes Tropiques* (Plon, 1955), p. 183.

industrielle, constituent des modifications secondaires ou bien au contraire des avatars *stricto sensu,* c'est-à-dire des incarnations dans des personnalités successives. Le « style » structurant les coutumes du peuple italien au XXe siècle est-il avant tout celui d'une civilisation définie dans la pérennité, depuis la fondation de Rome par quelques tribus, ou bien celui qui correspond au septième type historique énoncé par Gurvitch, à savoir le capitalisme organisé? Il est probable qu'ici encore la psychologie des peuples se situe dans la dialectique de ces deux points de vue complémentaires dont aucun ne saurait à lui seul donner pleinement satisfaction. Ainsi, dans le temps comme dans l'espace, c'est-à-dire dans les rythmes de l'histoire comme dans la délimitation géographique, la société globale reste une réalité en mouvement, ou plutôt dialectisée entre deux aspects saisissables, mais aussi importants l'un que l'autre. Celui de la continuité que nous aimerions définir par rapport au « style », qui, selon la formule déjà citée, marque toujours l'ensemble des coutumes d'une population, comprend donc en son sein l'étude des nations, puisque, comme l'écrit fort bien Abel Miroglio, la nation est « la forme de vie où culmine l'évolution d'un peuple [1] »; mais elle peut chercher le style de vie collective en question à des niveaux divers, suivant les cas au-dessus ou au-dessous de la nation, selon l'ordre des dimensions, dans la mesure où l'aire de civilisation intéressant le sujet qu'on veut traiter se combine mieux avec tel ou tel découpage.

Nous venons d'insister sur la classification des sociétés globales, parce qu'elle révèle bien à la fois les avantages et les inconvénients de la typologie concrète telle que l'envisageait Georges Gurvitch. Mais la sociologie de cet auteur est, en fait, un système complexe de typologies élaborées.

1. A. Miroglio, *La Psychologie des peuples* (PUF, 1958), p. 6.

C'est ainsi que Gurvitch, rappelons-le, présente une typologie des classes sociales, une typologie des groupements, une typologie des formes de sociabilité, épuisant ainsi toutes les catégories de cadres sociaux. En même temps, il établit des types des divers phénomènes sociaux qui sont en relation avec ces cadres sociaux. Par exemple, lorsqu'il aborde la sociologie de la connaissance, nous avons vu qu'il distingue plusieurs genres et diverses formes qui sont à mettre en relation avec les autres typologies concrètes. Ce qui caractérise l'entreprise gurvitchienne, c'est donc à la fois la volonté de baliser tous les problèmes grâce à une grille typologique, et c'est aussi la méthode concrète et empirique permettant de dégager les caractères qui définissent les types. Ainsi, l'hyper-empirisme dialectique doit trouver partout son fondement dans une typologie qui reflète la réalité et la rend explicable.

2. La typologie de Max Weber

Très différent est le point de vue de Max Weber pour qui les sciences humaines, dans leur effort de compréhension, doivent établir des *types idéaux*, selon les besoins de la recherche, non pas en combinant des critères extraits de la réalité, mais en recherchant pour chaque type le maximum de cohérence logique. Le type idéal (ou idéal-type) n'est pas une description de tel phénomène social existant : il est élaboré par le sociologue non pas pour schématiser ce qu'il observe concrètement, mais pour servir de fil conducteur dans l'observation ultérieure. Ici, la rationalité l'emporte sur l'objectivité.

Pour Weber, la typologie n'est pas donnée dans les faits,

ni révélée par la simple observation; elle n'est même pas quelque chose qu'il s'agit de trouver par l'analyse des documents. Elle est un schéma opératoire qui permet de comprendre des faits singuliers. Le type sociologique est idéal en ce sens qu'il est construit par le savant. Il correspond pour lui à une entreprise de démystification dans un domaine où l'on avait trop longtemps cru à l'objectivité, comme si le point de vue du savant pouvait être mis entre parenthèses. La rationalité, qui se substitue ainsi à la prétendue objectivité, est au contraire liée à ce point de vue subjectif, mais en même temps elle le dépasse, par son caractère idéal qui peut conduire à la compréhension par d'autres sujets. Il est souvent plus aisé de dire ce que n'est pas le type idéal weberien que de montrer ce qu'il est.

Ainsi, il faut d'abord le distinguer du concept aristotélicien ou de l'idée platonicienne selon lesquels le phénomène ne serait qu'un reflet. Il ne se situe pas plus dans le monde des idées que dans celui de la réalité. Par exemple, le type idéal de capitalisme, que le sociologue construit pour mieux comprendre certaines sociétés existantes, ne correspond à aucune de celles-ci exactement (car aucune n'est rigoureusement, parfaitement capitaliste), mais il n'a cependant pas de sens en dehors de ces réalités qu'il permet de comprendre et il n'est pas une révélation venue d'en haut. Le type idéal n'est pas davantage une hypothèse qui pourrait être validée ou infirmée ensuite par l'expérience; mais, en tant qu'instrument opératoire, il permet la formulation de certaines hypothèses qui, elles, peuvent être confirmées ou démenties par les événements. Par exemple, je puis, à partir du type idéal de capitalisme, émettre l'hypothèse que ce système social convient ou non à telle ou telle situation, qu'il ferme telle possibilité d'évolution, qu'il en favorise une autre; l'expérience confirmant ou infirmant peut-être ces hypothèses.

Ce n'est pas en présentant une copie du système américain que je fournirai un type idéal du capitalisme susceptible de faire avancer la science sociale. Je ne ferais alors que donner un nom à ce que j'observe. Le type idéal ne correspond pas davantage à la révélation d'une vérité authentique et jusqu'alors cachée. Rien de commun avec le « voilà ce que tu voulais dire » qui, s'adressant à la nature, serait le cri victorieux de l'artiste selon Schopenhauer. Le type idéal ne doit pas être considéré comme un modèle auquel la réalité devrait se conformer, ou par rapport auquel on émettrait des jugements de valeur. Il n'a aucune fonction normative, il ne conduit pas à une évaluation, et le savant n'a pas à dire ce qui est bon ou mauvais, mais seulement à comprendre et à faire comprendre. Max Weber, pour rendre plus claire sa position sur ce point, va jusqu'à écrire : « Il y a des types idéaux de bordels aussi bien que de religions et, en ce qui concerne les premiers, il y en a qui, du point de vue de la morale policière actuelle, pourraient paraître techniquement opportuns, alors que d'autres ne le seraient pas. » Enfin, le type idéal doit être distingué du type classificatoire et du concept générique, et il ne doit pas être considéré comme une « moyenne ». Cependant, Weber a bien vu que si le type idéal ne retenait pas au moins quelques caractères des réalités qu'il subsume à la manière du concept générique ordinaire et usuel, il risquait bien de ne plus servir à comprendre quoi que ce soit.

Il en convient en ces termes : « La différence entre les simples concepts génériques qui se bornent à réunir les caractères communs à plusieurs données empiriques et les types idéaux... est bien entendu flottante dans le détail [1]. »

Weber insiste beaucoup sur le fait qu'en définissant cette notion de type idéal il n'invente rien de nouveau mais

1. M. Weber, *Essais sur la théorie de la science* (Plon, 1965), p. 196.

restitue leur vraie nature aux concepts opératoires que l'on employait depuis longtemps dans les sciences humaines en les prenant pour ce qu'ils ne sont pas, par exemple en imaginant qu'ils décrivent ou orientent la réalité alors que ce ne sont que des instruments de compréhension, forgés par les savants. Ainsi, le type idéal est en un certain sens une utopie, car il correspond plus au souci de cohérence interne qu'au besoin de vraisemblance pragmatique. Tous les concepts utilisés en sciences humaines et spécifiques de ces sciences ne peuvent être que des types idéaux. En d'autres termes, la typologie sociologique est, selon Max Weber, tout entière idéal-typique. Voilà l'essentiel de sa doctrine à ce sujet.

Cela suffit à situer sa position dans un nominalisme intégral, puisque les concepts idéal-typiques sont purement heuristiques, servant à guider l'exploration du réel, non pas à le décrire. Plus pratiquement, le sociologue placé devant une réalité qu'il veut comprendre, par exemple en face de sociétés d'aspect capitaliste pour reprendre le cas déjà cité, se forge un type idéal de capitalisme qui ne ressemble exactement à aucune des sociétés à étudier, mais qui est une conception dans laquelle tous les traits du capitalisme se retrouvent à l'état pur et fonctionnent avec la plus parfaite cohérence. A partir de ce type idéal, il pourra mieux comprendre par exemple le capitalisme américain du XXe siècle, en voyant par quoi il ressemble à ce type et par quoi il s'en écarte. Ce type idéal, facteur d'intelligibilité, montre ce que serait un capitalisme exempt de contradictions. Ainsi, le type idéal est génétique (et non pas générique), car il permet de voir par quel processus la réalité pourrait se construire. Cependant, en découvrant grâce au type idéal la genèse logique de la réalité, nous ne sommes nullement conduits à édicter les lois de son développement, de son devenir. C'est en cela que Max Weber se sépare méthodologiquement de Karl Marx. Les modèles marxistes, dit-il, seraient recevables s'ils étaient pris comme des types idéaux. L'erreur de Marx a été de les prendre pour des lois de la réalité. « Quiconque, écrit Weber, a utilisé les concepts marxistes apprécie leur importance heuristique incomparable en tant que types idéaux quand on s'en sert simplement pour leur comparer la réalité; mais connaît aussi leur danger s'ils sont considérés comme des constructions ayant valeur d'expérience, ou comme des forces agissantes réelles (c'est-à-dire métaphysiques) ou encore comme des tendances. »

Comment le sociologue peut-il établir un type idéal?

En recherchant les traits caractéristiques, originaux et singuliers qui peuvent le composer, en essayant d'en trouver la structure logique. « On obtient un type idéal, écrit Weber, en accentuant unilatéralement un ou plusieurs points de vue et en enchaînant une multitude de phénomènes donnés isolément, diffus et discrets, que l'on trouve tantôt en grand nombre, tantôt en petit nombre et par endroits pas du tout, qu'on ordonne selon les précédents points de vue choisis unilatéralement, pour former un tableau de pensée homogène [1]. » On a parfois comparé ce procédé à celui qu'emploient les écrivains, par exemple La Bruyère lorsqu'il compose le portrait de Ménalque l'étourdi. Cependant, la différence est que le type idéal a une finalité rationnelle et logique plutôt qu'esthétique.

La difficulté à laquelle se heurte cette conception de Max Weber, fort utile du point de vue méthodologique, c'est qu'elle risque de trop éloigner de la réalité et, en laissant chaque savant libre de sa propre construction, de n'opposer aucune limite à la construction des types idéaux. Comme la science sociale est une recherche infinie, les types idéaux sont appelés à être constamment dépassés, et aucune typologie ne s'impose plus qu'une autre. Un même

1. *Ibid.*, p. 181.

savant pourra élaborer plusieurs types idéaux d'un même phénomène. On ne sait même pas bien si le type idéal porte uniquement sur des structures culturelles ou sur des individualités. C'est ainsi que, dans *l'Éthique protestante et l'Esprit du capitalisme,* Max Weber parle d'un type idéal du capitalisme, mais aussi d'un type idéal d'entrepreneur capitaliste, c'est-à-dire, en définitive, d'une individualité représentative, dont on se demande si ce n'est pas un portrait robot. Ce n'est donc pas sans raison que Gurvitch reproche à Max Weber un « éparpillement assez effarant de types idéaux » qui sont tantôt des types de rapports sociaux, des types de groupes, des types de sociétés globales, tantôt des types de pouvoirs, de procédures, de charismes, de luttes, de civilisations, de religions. Et, d'autre part, cette typologie comporte des risques de formalisme, elle ignore les étagements de la réalité sociale (par exemple les appareils organisés, les symboles) irréductibles à des conduites collectives, à des relations individuelles. Il est vrai, d'ailleurs, que Weber lui-même propose une sociologie compréhensive qui se fonde sur la classification des types d'action (à finalité rationnelle, à finalité axio-rationnelle, à finalité affective ou à finalité traditionnelle).

Max Weber a souvent reconnu les difficultés de sa théorie. On ne peut pas savoir, dit-il, s'il s'agit d'un pur jeu de la pensée ou d'une construction féconde de concepts.

En fait, la typologie ne peut être ni totalement empirique, à la manière de Gurvitch, ni complètement rationnelle, comme le voudrait Max Weber. Les chercheurs sont, le plus souvent, conduits à adopter un moyen terme, à prendre appui sur l'observation scientifique pour bâtir des schémas d'interprétation.

3. Les types construits

On trouvera dans une étude de Mac Kinney[1] une intéressante tentative pour rendre plus opératoires les théories wébériennes, dans un sens adapté aux nécessités de la science empirique, grâce à la notion de « types construits », adoptée d'ailleurs par plusieurs autres sociologues[2]. Les types sont alors conçus comme des éléments d'appréhension de l'expérience qui n'épuisent pas les données concrètes mais impliquent des choix et négligent nécessairement les différences spécifiques. Le type construit met de l'ordre dans les données de l'expérience, et sa fonction est de permettre de les décrire en termes qui les rendent comparables, afin que l'expérience faite sur un cas particulier permette de laisser prévoir avec une certaine probabilité ce que l'on peut attendre dans d'autres cas. Il est un moyen de réduire les diversités et complexités des phénomènes à un niveau de généralité présentant une certaine cohérence. Il est un système de caractéristiques (critères, traits, éléments, attributs, aspects) qui ne sont pas données d'emblée dans l'expérience mais que le savant repère et dégage pour les utiliser ensuite afin de mieux comprendre la réalité empirique. Très souvent, on a intérêt à présenter ces caractéristiques sous forme de variables

1. J. C. Mac Kinney et Ch. P. Loonis, « The typological tradition » in J. S. Roucek, *Readings in Contemporary American Sociology* (Littlefield, 1961) et J. C. Mac Kinney, « Constructive typology and social research » in John T. Doby, *An Introduction to Social Research* (Stackpole Company, 1965).

2. Barnes et Becker, *Contemporary Social Theory* (Appleton, 1940).

polarisées, par exemple : égalitaire-compétitif; traditionnaliste-novateur; conformiste-contestataire. Le type construit s'oppose beaucoup moins que le type idéal au type empirique et tend même à le rejoindre, car il est en définitive fondé sur les particularités de la réalité observable. Mais le type empirique repose sur les notions de moyenne, de commun dénominateur, tandis que le type construit est fondé plutôt sur les notions d'accentuation et d'abstraction. Comme exemple de types empiriques, Mac Kinney cite les biotypes de Kretschmer [1] qui sont celui de cyclothymique et celui de schizothymique. On pourrait, de la même façon, citer les types jungiens [2] de caractère extraverti et de caractère introverti.

Il s'agit là de types établis par des moyennes mettant en évidence les caractères communs et faisant disparaître les caractères extrêmes liés à des cas isolés et renvoyés à la psychopathologie (folie circulaire, schizophrénie).

Le type empirique se réfère ainsi plutôt au milieu, tandis que le type construit, destiné à mettre en évidence les traits significatifs, se rapporte plutôt aux limites idéales, en partant des extrêmes.

Le type construit part souvent des généralités (sacré-profane; rural-urbain), mais il peut être complété par des sous-types, qui permettent de faire comprendre les intermédiaires et les cas plus spécifiques. D'autre part, le type construit peut être plus ou moins proche des données historiques. Ainsi, dans l'œuvre de Weber, le type idéal du capitalisme moderne est influencé par la réalité contemporaine, tandis que les types d'action sociale (à finalité rationnelle, axiorationnelle, affective ou traditionnelle) sont indépendants d'une époque historique donnée. De même,

1. E. Kretschmer, *Physique and Character* (The Humanities Press, 1925).

2. C. G. Jung, *Psychologische Typen* (Zürich, Rascher, 1920); *Types psychologiques* (Genève, Georg., 1950).

les types de vie sociale communautaire (*Gemeinschaft*) ou sociétaire (*Gesellschaft*) décrits par Tönnies [1] sont non historiques; mais ils ne sont pas totalement intemporels, car cet auteur montre bien que l'évolution générale de l'humanité fait de plus en plus prédominer le type sociétaire sur le type communautaire, alors que dans les sociétés archaïques c'était l'inverse. Et, de plus, il arrive que le type construit, en isolant les caractères spécifiques, porte le savant à y associer implicitement des jugements de valeur. Ainsi, Tönnies fait bien voir sa préférence pour la communauté fondée sur le sentiment, la fraternité, et sa défiance à l'égard du rapport statutaire guidé par le calcul réfléchi, l'égoïsme, la recherche du bonheur personnel. Parfois, le type construit est directement dérivé, par généralisation, à partir d'un type individualisant. C'est le cas, notamment, pour le type sociologique de caste, obtenu à partir de l'étude des castes en Inde.

Le type construit présente le grand avantage de permettre la quantification et l'utilisation d'échelles numériques et de données statistiques. Durkheim, dans son étude sur le suicide, a eu recours à une méthode de ce genre, en construisant des types de comportements sociaux (égoïstes, altruistes, anomiques). En associant ces comportements à certaines caractéristiques sociales (par exemple les religions), il a pu, en se servant des archives disponibles, voir quelles étaient les corrélations entre ces caractéristiques et les taux de suicide, et parvenir ainsi à mesurer le rapport entre ce taux et tel ou tel type, de manière à aboutir à une clarification des déterminations sociales du suicide selon les types égoïste, altruiste ou anomique.

En général, l'utilisation d'échelles numériques permet d'évaluer le degré de déviation par rapport aux limites

1. Ferdinand Tönnies, *Gemeinschaft und Gesellschaft* (1887). *Communauté et Société* (PUF, 1946).

idéales des types construits, notamment dans le cas des typologies dichotomiques.

Par exemple, si l'on oppose le type progressif au type traditionaliste, en définissant les deux limites extrêmes, on peut ensuite, quantitativement, en utilisant divers indices, situer le cas particulier qu'on a à étudier sur une échelle, plus ou moins près d'une de ces deux extrémités.

C'est ainsi que, pour mesurer l'importance relative de six motivations dans la personnalité sociale (intérêts théoriques, économiques, esthétiques, sociaux, politiques, religieux), Allport et Vernon [1] ont établi un test comportant une batterie de questions fondées sur une série de situations courantes dans lesquelles se présentent des alternatives. Les réponses permettent de situer chaque sujet sur une échelle entre deux pôles opposés. On peut alors rattacher les groupes sociaux étudiés à tel ou tel type, en rejoignant ainsi la typologie de Spranger [2] à laquelle correspond la classification des six motivations. L'enquête citée a établi notamment que les étudiants en médecine se rapprochent plus du type théorique que les étudiants en théologie, ceux-ci se rattachant au type social.

Les sciences sociales utilisent donc différentes typologies qui sont plus ou moins proches des diverses méthodologies qu'on vient de signaler et donc plus ou moins conformes à une typologie réaliste, empirique, ou inversement idéale-typique mais toujours inspirées de la méthode des types construits, puisque celle-ci a précisément pour objectif principal de brancher en quelque sorte le type idéal sur la recherche empirique.

1. G. W. Allport, P. F. Vernon et G. Lindzey, *Study of Values* (New York, Harington, Mifflin, 1951).

2. Edward Spranger, *Types of Men* (Stichert-Hofner, 1928).

Bibliographie

Adorno T. W., Frenkel-Brunswick, Levison, Nevitt-Stanford, *The Authoritarian Personality*, New York, Harper, 1950.

Akoun A., « Les sociétés globales » in J. Cazeneuve et D. Victoroff, *La Sociologie*, Paris, Denoël CELP, 1970.

Barnes et Becker, *Contemporary Social Theory*, New York, Appleton, 1940.

Becker H., « Constructive typology in the social sciences » in *American Sociological Review*, février 1940, p. 40-55.

Benedict R., *Échantillons de civilisation*, Paris, Gallimard, 1950. (*Patterns of Culture*, Boston, Houghton, 1934.)

Cazeneuve J., « A propos de la typologie des sociétés globales », *Revue de psychologie des peuples*, 1er trimestre 1967.

Durkheim E., *Règles de la méthode sociologique*, Paris, Alcan, 1895.

— *Le Suicide*, Paris, Alcan, 1897, livre 2.

Gurvitch G., *La Vocation actuelle de la sociologie*, Paris, PUF, 1963, 3e éd.

Mac Kinney, « Constructive typology and social research », in J. T. Duby, *An Introduction to Social Research*, Harrisburg, Stackpole Company, 1965.

Mac Luhan M., *La Galaxie Gutenberg*, Paris, Mame, 1967. (*The Gutenberg Galaxy*, Toronto University Press, 1962.)

Kretschmer E., *Physique and Character*, New York, The Humanities Press, 1925.

— *La Structure du corps et le Caractère*, Paris, Payot, 1930.

Lazarsfeld P., *Philosophie des sciences sociales*, Paris, Gallimard, 1970, p. 361 s.

Riesman D., *La Foule solitaire*, Paris, Arthaud, 1964. (*The Lonely Crowd*, New Haven, Yale University Press, 1950.)

Spranger E., *Types of Men*, New York, Stichert-Hofner, 1928.

Steinmetz M., « Classification des types sociaux », *Année sociologique*, 1898, tome III, p. 45 s.

Tönnies F., *Communauté et Société*, Paris, PUF, 1946. (*Gemmeinschaft und Gesellschaft*, 1887.)

Weber M., trad. française : *Essais sur la théorie de la science*, Paris, Plon, 1965.

— *L'Éthique protestante et l'Esprit du capitalisme*, Paris, Plon, 1964.

5
Archaïsme

On l'a vu, la première des dichotomies introduites par la typologie des sociétés globales est celle qui distingue deux grands groupes de collectivités : d'une part les sociétés historiques (ou prométhéennes), d'autre part les sociétés archaïques qui ne semblent pas prendre place dans ce que nous appelons l'Histoire.

L'adjectif archaïque est de plus en plus employé pour qualifier un état de civilisation qu'on appelait autrefois *primitif*, parce que ce dernier terme semblait impliquer d'une part un certain jugement de valeur et d'autre part une conception évolutive déterminée. Au sens strict, l'archaïsme serait propre aux temps préhistoriques. Mais en règle générale et par extension, on appelle populations archaïques celles qu'étudient les ethnographes et qui sont restées plus ou moins en dehors du progrès technique et culturel caractérisant notre propre civilisation. Il importe donc d'abord de définir les critères permettant d'identifier les sociétés que l'on appellera archaïques, et ensuite de savoir quels sont entre celles-ci et les nôtres les différences et les rapports. S'agit-il d'une étape dans un déroulement historique continu, ou bien les peuples archaïques sont-ils par nature distincts des peuples plus évolués? C'est à ce niveau que se pose la question de savoir s'il existe une mentalité archaïque ayant ses caractères propres. Cela revient à se demander si les écarts culturels entre ces peuples et nous sont tels qu'ils supposent ou produisent chez les individus des formes de pensée différentes.

1. Les critères de l'archaïsme

Les peuples qu'on appelait autrefois *sauvages,* puis primitifs et qu'on préfère appeler maintenant archaïques constitueraient une catégorie sociologique facile à définir s'ils s'étaient tout simplement, comme on l'a cru parfois et comme le suggérait par exemple Rousseau, arrêtés à un stade ancien du développement culturel et s'ils représentaient des survivances intactes des modes de vie collective de la préhistoire tels qu'ils existaient par exemple à l'époque paléolithique ou à l'époque néolithique. Les anthropologues ont fait justice de cette hypothèse et montré que ces sociétés ont derrière elles une histoire aussi longue que la nôtre, qu'elles se sont elles aussi transformées au cours des siècles, d'une manière différente et peut-être moins perceptible, mais cependant non négligeable.

Dans ces conditions, l'archaïsme des « primitifs » actuels ne peut être que relatif, et les comparaisons avec la préhistoire ne sont instructives et légitimes que si elles portent uniquement sur des caractères particuliers, par exemple sur l'usage d'une technique de la pierre taillée analogue à celle de l'époque paléolithique.

Il est pourtant indispensable, même avec ces restrictions, de pouvoir établir une typologie, fût-elle grossière, permettant de distinguer les sociétés archaïques des sociétés modernes, ne serait-ce que pour délimiter le domaine d'investigation des ethnographes qui étudient les premières et qui trouvent dans cette étude, comme l'a montré Claude Lévi-Strauss, un dépaysement fécond.

Il faut écarter tout de suite l'idée que les prétendus primitifs seraient caractérisés par une sorte d'infériorité ou en tout cas d'hétérogénéité congénitale par rapport aux prétendus civilisés. Certes, on a pu soutenir que certaines races, par exemple celle des Austro-Mélanésiens ou celle des Pygmées, descendaient d'un rameau hominien distinct de l'*homo sapiens,* tout comme jadis l'homme de Néanderthal avec lequel ils ont des ressemblances physiques. Mais de toute manière cette remarque ne s'appliquerait qu'à une petite partie de ceux qu'on nomme archaïques et l'expérience prouve par ailleurs que des enfants nés dans des tribus dites primitives peuvent, s'ils sont élevés dans nos sociétés, devenir civilisés de la même façon que nous. Le critère doit donc être culturel et non point racial.

On peut être tenté de le chercher dans l'état d'avancement des techniques, d'abord parce que c'est un secteur particulièrement apparent et facile à traduire en termes précis, voire quantitatifs, et aussi parce que l'équipement matériel d'un peuple entraîne chez lui de nombreuses et importantes conséquences dans l'ensemble de sa vie sociale. De même que, selon Karl Marx, le moulin à bras donne la société féodale et le moulin à vapeur la société capitaliste, de même ne pourrait-on pas dire que l'outil rudimentaire détermine la culture archaïque et la machine la civilisation historique? Mais ce point de vue est moins satisfaisant en ethnologie qu'en sociologie, et il est difficile de lier trop étroitement tout le contexte culturel et surtout mental à la complexité des instruments, surtout avant l'apparition et l'essor du machinisme. La Grèce antique ne brillait pas par le progrès de ses techniques, mais elle a fait réaliser à la pensée humaine une mutation remarquable. D'autre part, dans le monde archaïque, il est des peuples qui ont excellé dans certaines techniques particulières. C'est par exemple le cas des Eskimos dans la confection des vêtements pour lutter contre le froid, ou des Indiens pueblos dans celle des poteries.

Aussi bien de nombreux auteurs ont-ils préféré choisir

comme critère le fait de ne pas connaître l'écriture, car il s'agit là d'une technique dont les implications culturelles sont directes et évidentes et que l'on a déjà citée parmi les critères possibles pour identifier la « civilisation ». C'est pourquoi l'on désigne souvent les peuples archaïques comme étant des « peuples sans écriture ». C'est là une équivalence commode et, le plus souvent, justifiée dans les faits. Il est vrai cependant que la délimitation ainsi établie n'est pas très rigoureuse. Les pictogrammes que l'on trouve dessinés par des Indiens sur des peaux d'animaux ne sont-ils pas des messages écrits? Et si l'on décide que l'alphabet est la marque d'une écriture véritable, ira-t-on jusqu'à ranger les Aztèques parmi les peuples sans écriture? A partir de quel développement de l'idéogramme jugerait-on que les anciens Égyptiens sortirent de l'archaïsme? Certes, c'est bien l'écriture qui a constitué le meilleur moyen pour les sociétés de devenir « cumulatives » en possédant de véritables archives, en enregistrant leur passé. Mais on trouve des traces d'archaïsme chez des peuples connaissant l'écriture. Et certains sociologues nous diraient, inversement, qu'avec le développement des techniques audio-visuelles notre civilisation, en devenant de plus en plus moderne, est aussi de moins en moins une civilisation de l'écriture. Il ne faut donc pas faire de ce critère un absolu, mais plutôt un indice ayant surtout une valeur opératoire pour l'établissement d'une typologie de l'archaïsme, et chercher ailleurs le fondement essentiel de la spécificité des sociétés archaïques.

Durkheim prétendait le trouver dans leur organisation et leur structure mêmes et dans leur morphologie sociale. Sa théorie de la formation des collectivités primitives qui, sur certains points, reprenait celle de Spencer, est restée classique, mais n'a pas réussi beaucoup mieux que celle de Spencer à se dégager d'une hypothèse évolutionniste particulière. Pour Spencer, l'archaïsme se caractérisait par la simplicité et l'homogénéité de l'organisation. Pour Durkheim, les collectivités humaines se seraient à l'origine composées de petits groupes élémentaires unis les uns aux autres, et par conséquent les sociétés archaïques seraient faites d'éléments semblables les uns aux autres, tandis que la structure complexe serait propre aux sociétés plus évoluées. Mais ce critère reste fort relatif. En effet, les ethnographes ont constaté que l'organisation des tribus primitives qu'ils peuvent observer actuellement est loin d'être simple, car elle recouvre souvent une multiplicité de divisions qui s'entrecroisent. On peut même dire que des unités politiques assez vastes et structurées en profondeur ont pu se constituer autrefois, par exemple en Afrique, sans que les autres caractéristiques de l'archaïsme aient disparu. Inversement, on trouve à l'aube de l'histoire des sociétés relativement simples qui, pourtant, sont déjà engagées dans le processus du développement.

De la même façon, on pourrait aisément montrer qu'il faut accorder une valeur très relative à d'autres critères parfois présentés comme décisifs, tels que le traditionalisme ou bien l'absorption de l'individualité dans la collectivité. On pourrait en effet citer des peuples manifestement archaïques, au sens usuel du mot, où la stagnation culturelle et le conformisme ne sont pas aussi certains qu'on le croirait au premier abord, cependant que, dans les sociétés réputées évoluées, l'attachement aux traditions et l'esprit de groupe jouent dans certains cas un rôle important.

En définitive, pour définir une société archaïque, il faut recourir à tous ces critères à la fois, tous étant significatifs à quelque degré, aucun ne pouvant suffire à établir de façon nette la différence avec les sociétés dites évoluées. Ce qui compte, c'est donc plutôt le résultat même de l'ensemble de ces différents facteurs culturels, c'est-à-dire le fait d'être ou de n'être pas consciemment intégré dans l'histoire. C'est ce qu'exprimait Georges Gurvitch en disant que seules les sociétés non archaïques peuvent être appelées « prométhéennes ». Tous les peuples, nous l'avons dit, même ceux que nous disons primitifs, sont d'une manière ou d'une autre engagés dans l'histoire, en ce sens que l'écoulement du temps les marque et les transforme. Mais il en est qui subissent cette évolution pour ainsi dire passivement et sans chercher à la maîtriser, cependant que d'autres, ceux qui sont prométhéens et historiques dans le sens le plus fort du mot, sont conscients de leur possibilité de changement et cherchent à s'intégrer dans la durée, même s'ils n'y parviennent pas réellement.

Avec ces nuances et ces réserves, la distinction entre sociétés archaïques et sociétés prométhéennes est à la fois pertinente et utile pour les sociologues. Elle constitue même le premier palier de toute classification typologique des sociétés globales. Et, dans les faits, il faut bien constater que les ethnologues et les ethnographes savent bien de quoi ils parlent quand ils délimitent le champ de leurs recherches. Quiconque se trouve au milieu d'une tribu australienne ou au milieu d'une peuplade isolée d'Indiens en Amazonie, par exemple, éprouve ce sentiment de dépaysement sociologique sur lequel a insisté Claude Lévi-Strauss et qui fait de l'étude des sociétés archaïques une irremplaçable initiation à la connaissance de la vie humaine en collectivité sous toutes ses formes. C'est grâce à l'étude de l'archaïsme que nous sommes entraînés à ne point considérer comme nécessaires et absolus des traits particuliers de la civilisation dans laquelle nous vivons. C'est donc peut-être dans ce sentiment de dépaysement éprouvé au contact d'autres types de vie sociale que l'anthropologue trouve le critère le plus sûr, ou plutôt la mise en œuvre de tous les critères de l'archaïsme.

L'une des premières questions qui se posent une fois reconnue la spécificité de l'archaïsme, est celle des causes de sa persistance chez certains peuples. Pourquoi les « primitifs actuels » ne sont-ils pas devenus d'eux-mêmes prométhéens au même titre que nous? Ici encore, les réponses sont variées et il est probable qu'aucune d'elles ne permet de tout expliquer. Nous avons par avance écarté la théorie raciale. Faut-il incriminer des circonstances géographiques? Il est probable qu'un climat difficile, un isolement prolongé, une nature hostile, des ressources naturelles insuffisantes ont contribué à maintenir des groupes humains dans un état de torpeur qui ne favorise pas leur développement culturel. Mais on citerait aisément des exemples de sociétés qui ont su vaincre ces obstacles naturels. Et l'on sait que le progrès technique n'est pas toujours lié directement aux ressources naturelles. Ainsi, les Maoris de Nouvelle-Zélande n'ont pas inventé la poterie, bien qu'ils eussent de l'argile à profusion. Les Indiens du Canada n'ont pas su domestiquer le caribou, tandis que les Eskimos, dans des conditions à peu près semblables, ont utilisé fort bien le renne. Il faut donc, pour rendre compte de ces différences, faire appel à des facteurs d'un autre ordre, plus proprement culturels.

On a soutenu aussi parfois que les « primitifs actuels » étaient des groupes humains qui avaient régressé. Cela peut être vrai et est effectivement prouvé dans certains cas. Des guerres malheureuses, des catastrophes ont fait perdre et oublier par quelques tribus les progrès qu'elles avaient réalisés autrefois. Mais on ne saurait expliquer ainsi le phénomène général que constitue la persistance de l'archaïsme. Il est donc plus indiqué, pour comprendre ce fait, de comparer la culture archaïque à la culture moderne pour voir si la première ne contient pas en elle-même sa propre explication, car on peut espérer savoir ainsi si l'on passe de l'une à l'autre d'une façon continue ou si un véritable changement de mentalité est nécessaire.

2. De l'archaïsme à la civilisation prométhéenne

Il ne faut pas confondre la question soulevée ici avec le problème philosophique, longtemps débattu, du postulat de l'unité et de l'universalité de la nature humaine. D'ailleurs, l'hypothèse d'une disparité intellectuelle d'origine raciale étant écartée, il est évident que c'est non pas dans des dispositions congénitales mais dans des contextes culturels différents que l'anthropologie doit chercher les causes et les caractères distinctifs des formes de pensée dans l'archaïsme et dans le contexte moderne.

Mais, même réduite à ces limites précises, la comparaison peut engager plus ou moins profondément la spécificité de l'archaïsme. Il s'agit en effet de savoir si le contexte culturel des sociétés dites primitives conduit simplement les individus à élaborer des croyances et à adopter des attitudes différentes des nôtres, ou bien s'il produit des dispositions intellectuelles spécifiques, une manière particulière de penser, de raisonner, de saisir le monde et eux-mêmes, c'est-à-dire en somme une mentalité propre à ces sociétés et qu'on appellera la mentalité archaïque, ou primitive.

On peut résumer les nombreuses prises de position à ce sujet en les rangeant selon leur déroulement historique en trois catégories principales, dans la mesure où la théorie de Lucien Lévy-Bruhl a marqué un tournant décisif dans leur évolution.

I. L'ANIMISME ET LE RATIONALISME SOCIOLOGIQUE

La première tentative véritable d'analyse sociologique des croyances archaïques a été l'œuvre d'une école appelée animiste et dont les principaux représentants furent Spencer, Tylor et Frazer. Ramenée à ses lignes les plus générales, au-delà des aspects particuliers que lui ont donnés chacun de ces auteurs, l'animisme est une interprétation à la fois rationaliste et évolutionniste de la pensée archaïque. L'homme primitif aurait élaboré ses premières croyances en cherchant à expliquer par des raisonnements les phénomènes qui le surprenaient, notamment les visions qu'il avait dans ses rêves et qui, tout naturellement, lui semblaient douées d'une réalité objective. Il en aurait conclu que son existence pouvait être double et qu'il possédait une âme séparable. Puis, généralisant son interprétation du monde à partir de cette première croyance, il aurait supposé que les phénomènes naturels étaient également produits par des âmes analogues à la sienne et capables d'agir volontairement. Ainsi, la causalité se combinant à la similitude, un raisonnement cohérent aurait conduit les hommes archaïques à peupler l'univers d'esprits, à animer les êtres et les choses.

Cependant, tout en montrant l'identité des mécanismes intellectuels entre la pensée archaïque et la nôtre, l'animisme faisait des croyances primitives la conséquence d'une première erreur de jugement. C'est sur ce point, et pour aller plus loin dans l'interprétation rationaliste, que Durkheim s'est opposé à l'animisme. Pour l'auteur des *Formes élémentaires de la vie religieuse,* la pensée archaïque nous donne l'image des premières étapes d'une évolution intellectuelle continue, et elle met en œuvre les principes rationnels d'une manière qui prépare directement la pensée scientifique. Durkheim retrouvait par exemple dans les rituels totémiques des tribus australiennes une sorte d'énoncé concret de la loi de causalité. De la même façon, toutes les catégories de la raison sont en œuvre dans les croyances primitives, ce qui démontre du même coup leur origine sociale. Il n'y aurait donc, entre la pensée primitive et la nôtre, qu'un passage de l'implicite à l'explicite et une agilité plus grande, la première étant gauche et excessive, confondant ce qu'il faudrait seulement rapprocher, opposant ce qu'il suffirait de distinguer, mais réalisant déjà correctement les opérations intellectuelles fondamentales que sont la classification, l'abstraction, la conceptualisation, l'inférence logique.

II. LA MENTALITÉ PRIMITIVE SELON LÉVY-BRUHL

C'est contre la conception, commune à l'animisme et au rationalisme sociologique durkheimien, d'une homogénéité fondamentale de toutes les mentalités que Lévy-Bruhl a soutenu la spécificité de la mentalité « primitive » que nous appellerions plus volontiers aujourd'hui archaïque. Selon lui, les primitifs ont, par leur culture, des fonctions mentales différentes des nôtres et raisonnent autrement.

Les fonctions mentales sont en effet, d'après lui, façonnées par représentations collectives, de telle sorte que chaque culture peut avoir sa mentalité propre, l'écart maximal étant évidemment celui qui sépare la mentalité archaïque de la mentalité moderne. Celle-ci est avant tout rationaliste et conduit à la science positive; elle s'est développée dans les sociétés issues de la civilisation méditerranéenne. Et c'est par opposition à elle, en insistant surtout sur les divergences par rapport à elle, que Lévy-Bruhl s'est efforcé de décrire la mentalité primitive. Cette étude concerne donc la psychologie collective, car ce ne sont pas les individus en tant que tels qui sont ici en cause. Les représentations collectives sont en effet communes aux membres d'un groupe social donné; elles se transmettent d'une génération à l'autre, s'imposent aux individus et éveillent chez eux des sentiments divers. Elles ne constituent pas d'ailleurs un phénomène purement intellectuel et cognitif, car il s'y mêle des éléments émotionnels et moteurs.

La mentalité primitive entre en jeu avec toute sa spécificité lorsque intervient ce que Lévy-Bruhl appelle la « catégorie affective du surnaturel », qui donne à l'expérience un caractère mystique, c'est-à-dire lorsque la réalité est saisie à travers la croyance en des forces, des influences, des actions imperceptibles aux sens.

Les représentations mystiques sont liées entre elles d'une manière qui n'obéit pas aux règles fondamentales de notre logique. C'est en ce sens que Lévy-Bruhl a pu qualifier la mentalité primitive de « prélogique », non pour signifier qu'elle correspondrait à une étape antérieure à l'apparition de la pensée logique, mais pour montrer qu'elle ne s'astreint pas avant tout, comme notre pensée, à éviter la contradiction. La mentalité primitive ne se complaît pas nécessairement dans la contradiction, elle lui est simplement indifférente. Elle ne consiste pas dans un mauvais usage ou une déviation de notre logique, mais dans un autre mode de liaison entre les représentations qui est commun à tous les rapports mystiques et n'a rien à voir avec notre logique. Ce mode de liaison, c'est la participation. En vertu de ce principe, les êtres et les objets peuvent être à la fois eux-mêmes et autre chose qu'eux-mêmes. Ainsi, par exemple, un Indien bororo pense qu'il est à la fois un homme et un perroquet, parce qu'il participe intimement à la nature de cet animal qui est son totem. De même, un indigène de Bornéo croit avoir un lien de parenté mystique avec les alligators.

Il résulte de ce principe que la pensée primitive est moins

apte que la nôtre à analyser, à abstraire, à conceptualiser. C'est pour cela que les langues primitives manifestent un besoin d'expression concrète qui se traduit par un vocabulaire pléthorique. C'est aussi pour cette raison que les primitifs ont une conception occasionnaliste de la causalité. Pour eux, ce que nous considérons comme la cause d'un phénomène est simplement une circonstance qui a donné à une puissance surnaturelle l'occasion d'intervenir, et c'est elle qui est la vraie raison de l'événement. Par exemple, si la foudre tombe sur une case et l'incendie, c'est parce qu'un esprit irrité l'a frappée; si un homme a un accident, on cherche quel est le sorcier qui lui a jeté un sort. Le monde des primitifs est donc habité par des influences mystiques favorables ou défavorables. Ce n'est pas, comme le croyaient les théoriciens de l'animisme, parce qu'ils attribuent la cause de tout phénomène à des âmes en vertu d'un raisonnement par analogie mais, selon Lévy-Bruhl, parce que leur perception du monde est directement mystique, c'est-à-dire d'emblée saisie avec ses forces surnaturelles. La pensée par participation ne distingue pas, en effet, la réalité positive du jeu des forces surnaturelles; elle les englobe dans une unité où la catégorie affective pénètre la connaissance intellectuelle et lui donne une coloration particulière. C'est pour la même raison que l'univers des primitifs se présente à eux comme un continuum, une substance unique douée d'une force indifférenciée qui est le « mana ». De même aussi, le primitif ne se pense pas comme individu en dehors du groupe auquel il appartient et participe. Il ne se sépare pas non plus de ses « appartenances », c'est-à-dire des objets qui lui appartiennent et des choses qui prolongent sa personne, tels que ses vêtements ou la trace de ses pas. De nombreuses opérations magiques sont fondées sur de tels rapports de participation et ne se comprennent bien que si l'on admet que cette pensée est indifférente à notre principe d'identité.

La catégorie affective du surnaturel, qui déclenche la représentation mystique est elle-même éveillée par des expériences privilégiées, notamment celle de l'insolite, ou bien par la mort, par les rêves et les visions, qui mettent le primitif en contact direct avec le surnaturel.

De cette expérience mystique résulte une élaboration collective à travers des symboles, des mythes et des rites, de sorte que les primitifs ne saisissent pas le monde de la même façon que nous, mais toujours à travers ces cadres à la fois mentaux et affectifs. De même, leur mythologie n'est pas le fruit d'une construction intellectuelle, mais d'un complexe émotionnel. Son rôle n'est pas, comme on l'a dit, d'expliquer les phénomènes naturels, mais d'établir des participations en reflétant la surnature.

C'est de la même manière qu'il faut comprendre les rites. Ceux-ci mettent en action les mythes et réalisent les participations. Par l'intermédiaire des symboles, qui eux-mêmes sont indistincts de ce qu'ils symbolisent, les pratiques culturelles religieuses ou magiques créent des participations entre l'homme et les puissances mystiques, orientent celles-ci en sa faveur.

On peut se demander pourquoi les primitifs n'ont pas été amenés à renoncer à une conception d'eux-mêmes et du monde que la réalité pouvait démentir à chaque instant, par exemple en leur montrant l'inanité de leurs pratiques magiques. C'est, répond Lévy-Bruhl, parce que la mentalité primitive est imperméable à l'expérience ordinaire et parce qu'elle est insensible à la contradiction. D'ailleurs, cette pensée n'est pas organisée, elle reste « en vrac », tandis que la nôtre est hiérarchisée. Le champ reste donc libre, pour le primitif, aux préliaisons mystiques et l'élément émotionnel y supplée à la généralisation.

Entre cette mentalité primitive et la mentalité moderne, rationaliste et positive, quels sont les rapports? La seconde succède-t-elle dans le temps à la première, en est-elle l'héritière? Lévy-Bruhl, à plusieurs reprises, a pris position contre cette interprétation trop évolutionniste, bien qu'il ait d'autre part montré que chez certains peuples primitifs on peut déjà noter un affaiblissement progressif de la spontanéité du mysticisme, une conceptualisation qui peu à peu dégage l'élément cognitif des facteurs émotionnels et moteurs, une tendance à dissocier le symbole de ce qu'il représente, et finalement une transformation des participations qui deviennent plutôt pensées que directement vécues. Dans ses *Carnets posthumes,* d'autre part, Lévy-Bruhl a semblé abandonner son idée directrice d'une séparation tranchée entre les deux types de mentalité. Finalement, il paraît avoir toujours hésité entre une conception phénoménologique et une vue modérément évolutionniste. Autrement dit, il indique des étapes possibles entre la culture primitive et la nôtre, mais il pense que la mentalité primitive ne domine pas plus exclusivement la vie des peuples primitifs qu'elle ne peut disparaître complètement de la nôtre. Elle joue simplement un rôle plus important chez les premiers, mais on ne saurait imaginer une humanité qui parviendrait à être vouée uniquement à la pensée logique et rationaliste. Le plaisir que nous prenons à évoquer les mythes et les fables, la nécessité pour le croyant d'aujourd'hui de trouver dans sa religion autre chose qu'un froid raisonnement théologique sont autant de preuves que la mentalité primitive ne saurait disparaître complètement. Même si l'évolution vers la mentalité moderne était pleinement réalisée, la pensée de l'homme ne serait pas tout entière régie par la seule logique, car les éléments émotionnels ne disparaissent pas pour autant quand la pensée s'en affranchit en se conceptualisant. Et d'ailleurs, la mentalité mystique ne lutte pas pour diminuer le champ d'expansion de la mentalité rationnelle, puisqu'elle lui est indifférente, bien que la réciproque ne soit pas vraie. La mentalité archaïque, exprimant une participation intensément sentie et vécue, correspond à un besoin permanent de notre nature.

C'est cette conclusion qu'ont approfondie des anthropologues phénoménologues tels que Van der Leeuw pour lequel la mentalité archaïque et mystique, bien qu'elle soit plus manifeste chez les primitifs que chez nous, correspond à une structure permanente de l'esprit humain et se distingue de la mentalité intellectualiste qui dépouille l'expérience de la subjectivité et vide le sujet de tout son contenu. C'est dans une perspective analogue, et en se réclamant lui aussi de Lévy-Bruhl, que Georges Gusdorf oppose la pensée archaïque et mythique, proche du réel et du concret, à la pensée rationnelle capable de progrès mais stérilisante, et cherche dans la pensée existentielle une synthèse entre ces deux structures mentales.

De l'œuvre de Lévy-Bruhl, on peut en définitive retenir surtout une description minutieuse et systématique des croyances archaïques. Quant à la question de savoir si elles sont la manifestation d'une mentalité *sui generis*, différente par nature de la mentalité moderne, elle ne semble pas avoir été tranchée par lui aussi nettement dans ses dernières œuvres que dans les premiers ouvrages où il se proposait d'établir une sorte de dualisme à la fois des mentalités et des cultures. Le type de pensée qu'il a analysé sous le nom de mentalité primitive ne serait donc qu'une certaine manière de penser qu'on retrouve chez tous les hommes, quand l'intellect se mêle à l'affectivité, et on constaterait simplement qu'elle joue un rôle dominant dans les croyances collectives des peuples étudiés par les ethnographes.

III. LA PENSÉE SAUVAGE ET L'INCONSCIENT COLLECTIF

Après Lévy-Bruhl, les anthropologues ont beaucoup moins cherché à comparer, à opposer ou à faire se succéder mentalité archaïque et mentalité moderne qu'ils ne se sont efforcés de pénétrer dans les fondements secrets de la vie collective en prenant pour guide la signification profonde de la pensée archaïque. Celle-ci, par les aperçus qu'elle autorise sur notre être profond, plus que ne le peut faire notre culture actuelle, nous instruirait sur ce qu'il y a d'universel dans l'humanité.

C'est à Bergson qu'il faut sans doute faire remonter cette manière d'envisager la mentalité archaïque. Pour l'auteur des *Deux Sources de la morale et de la religion,* en effet, la nature humaine est toujours la même mais, dans nos civilisations, le naturel est recouvert par l'acquis. Il faudrait donc, comme il dit, gratter cette couche déposée par la culture moderne, pour retrouver ce qui en nous constitue le fondement quasi instinctif de la vie sociale. C'est pourquoi l'étude des peuples archaïques est particulièrement révélatrice, bien qu'ils ne correspondent pas à l'humanité vraiment primitive. La couche de l'acquis, déposée par le progrès technique, est évidemment moins épaisse chez eux. C'est pourquoi, par exemple, la fonction fabulatrice, par laquelle s'exprime la nature sociale primordiale, est encore en pleine action dans la mentalité archaïque.

D'un point de vue fort différent, mais qu'un de ses disciples (Charles Baudouin) devait relier au courant bergsonien, le psychanalyste Carl Gustav Jung a bien souvent signalé la parenté entre la mentalité primitive et l'instance psychique qu'il nomme l'inconscient collectif. Un autre de ses disciples, Aldrich, a d'ailleurs explicité les ressemblances entre la théorie de Lévy-Bruhl et celle de Jung. L'inconscient collectif, avec ses archétypes de l'imagination, serait comme un ensemble de dispositions innées qui orientent la pensée individuelle, et il puiserait ses origines dans une humanité lointaine. On ne devrait donc pas s'étonner de voir certains rêves, lorsqu'ils jaillissent précisément de cet inconscient collectif, revêtir des formes et présenter des phantasmes que l'on retrouve dans la mythologie des peuples archaïques. D'ailleurs Jung allait jusqu'à soutenir que la connaissance de la mentalité archaïque était indispensable au psychanalyste.

Bien différente, certes, dans son principe, est la position de l'école anthropologique structuraliste, qui rejette vigoureusement la notion d'inconscient collectif et tout autant le dualisme de Lévy-Bruhl. Mais elle n'en constitue pas moins un effort pour retrouver les fondements de la vie en société en prenant pour principal fil conducteur l'observation des peuples archaïques. Pour bien montrer qu'il ne s'agit pas d'étudier des fonctions mentales distinctes par nature des nôtres, Claude Lévi-Strauss refuse le terme de mentalité archaïque et préfère parler de « pensée sauvage », pour caractériser une manière de penser qui est dans son principe guidée par la même logique que la nôtre, mais qui s'épanouit sans contrainte. La pensée sauvage ne diffère pas de la pensée scientifique par une plus grande compromission avec l'affectivité, comme le croyait Lévy-Bruhl. Elle peut se réduire entièrement à des opérations intellectuelles, elle est totalement intelligible, à la condition seulement qu'on la replace dans son contexte. Les peuples archaïques ont une pensée classificatrice qui procède par similarité et qui s'étend à la fois au naturel et au culturel. En l'analysant, on retrouve donc aussi bien les rouages essentiels de toute pensée, avec ses jeux de symboles, que les fondements de toute société, c'est-à-dire l'archaïsme absolu, tel qu'il se révèle par exemple dans les structures élémentaires de la parenté. Ces structures sont inconscientes dans la collectivité qui les met en œuvre; mais l'anthropologie peut les retrouver en ramenant à leur principe, par des permutations quasi mathématiques, les symboles, les rites, les institutions. La pensée sauvage, réduite à ses éléments constitutifs, nous renseigne donc non pas sur une mentalité particulière et hétérogène à la nôtre, mais sur la structure mentale et sociale à la fois qui est à la base de tout développement possible. Elle est à ce titre archaïque, mais dans le sens absolu.

3. Les manifestations de la mentalité archaïque

Il faut donc ou bien renoncer, comme le fait l'école structuraliste, à parler d'une mentalité archaïque, ou bien tout au moins se contenter d'en faire une manière de penser qui est permanente et qui est simplement plus manifeste chez les peuples archaïques que chez nous, puisque Lévy-Bruhl lui-même a dû abandonner l'identification pure et simple d'une mentalité primitive spécifique avec les seules croyances des sociétés dites primitives.

Dans ces conditions, si l'étude de ces sociétés reste encore la voie royale pour connaître cette forme de pensée, spécifique ou non, il faut admettre qu'on peut néanmoins l'observer dans d'autres domaines.

Envisagée dans ce sens très large, la mentalité archaïque se caractériserait, non pas nécessairement par son irréductibilité à la pensée rationnelle, mais par une indistinction entre ce qui est subjectif et objectif, par une prédominance du symbole sur le concept et par une interpénétration entre le jugement et l'affectivité.

Dans d'autres œuvres culturelles par exemple, les sociétés modernes révèlent leur enracinement dans cette forme de pensée collective. D'une part, en effet, on pourrait établir une continuité entre les croyances ou pratiques des peuples dits primitifs et le folklore qui se perpétue dans certaines parties de ces sociétés, en particulier dans le monde rural. Et l'on trouverait même dans les sociétés urbaines des survivances encore importantes d'un état d'esprit relativement primitif dans la floraison des guérisseurs, chiromanciens, astrologues, devins, mages, dont le succès correspond peut-être à un besoin accru encore par les progrès de la pensée positive et pour ainsi dire en réaction contre elle. D'autre part, on peut trouver dans la vie artistique, sous toutes ses formes, la recherche d'une harmonie entre le subjectif et l'objectif, en même temps qu'un retour à la donnée phénoménologique, c'est-à-dire à l'expérience vécue, riche de ses attaches dans l'imagination et l'affectivité.

Certes, l'art n'est pas nécessairement séparé de ce qu'il y a d'intellectuel en nous; mais il peut difficilement se réduire à une mise en œuvre des rapports rationnels. Des études comme celles de Gaston Bachelard ont montré que la poésie ne pouvait être séparée des archétypes de l'inconscient, et nous avons vu comment la psychanalyse de Jung pouvait chercher une origine commune à ces lignes de force de l'imagination et aux créations de la mythologie.

D'autre part, le surréalisme a cherché à dépasser le niveau de l'expérience interprétée par le jugement pour atteindre une source plus profonde d'inspiration, et cette tendance a été ainsi conduite à bien souvent rejoindre les formes esthétiques spontanément inventées par les peuples sans écriture.

Cette parenté entre l'imagination et la mentalité archaïque suggérée aussi bien par les jungiens que par les surréalistes, de points de vue d'ailleurs différents, nous fait remonter à une origine inconsciente qui s'exprime également dans le rêve. Les croyances primitives, d'ailleurs, font une large place aux révélations oniriques, et les psychanalystes sont fréquemment appelés, en étudiant les rêves, à interpréter des symboles qui apparaissent aussi bien dans les mythologies des peuples non prométhéens.

De la même manière, la mentalité morbide appelle des rapprochements avec la mentalité archaïque. On y trouve, principalement dans le cas de la schizophrénie, une fusion du moi et du non-moi, une incapacité à séparer l'objet de la représentation qu'on s'en fait, qui aboutissent à des créations imaginaires comparables au monde surnaturel dans lequel se situent les croyances des primitifs. Cependant, il ne faut pas oublier que la pensée des malades mentaux n'est pas socialisée, et que c'est même par là surtout qu'elle se sépare de la pensée normale, tandis que la mentalité archaïque met en jeu des représentations collectives.

C'est avec les mêmes réserves qu'il faut accueillir les similitudes souvent signalées et réellement frappantes entre mentalité infantile et mentalité archaïque. Il ne faut pas surtout en conclure à un parallélisme entre l'autogenèse et la phylogenèse. L'enfant est de toute manière élevé dans un cadre intellectuel propre à telle ou telle collectivité, et il ne saurait à ce titre être comparé à un adulte des sociétés primitives mais, du fait que son esprit est encore plein de virtualités, il rejoint, comme le dit Lévi-Strauss, le substrat universel d'où sortent toutes les cultures, modernes ou primitives, et à ce titre il porte en lui, beaucoup plus que l'adulte, les virtualités que par la suite son éducation étouffera. C'est en ce sens seulement qu'il peut effectivement faire preuve de processus intellectuels proches de ceux de la mentalité archaïque. Aussi bien est-il porté à mêler la subjectivité à l'objectivité. C'est ainsi que Jean Piaget a pu signaler des aspects de la pensée infantile qui correspondaient aux descriptions faites par Lévy-Bruhl de la mentalité primitive.

En définitive, si l'on prend la précaution de tenir compte

des circonstances spécifiques et des divers cadres de référence, l'analyse de la mentalité archaïque, telle que l'étude des peuples dits primitifs nous permet de la poursuivre, est souvent enrichissante et permet d'éclairer, dans nos sociétés, des types de pensée qui se manifestent aussi bien sur le plan de la collectivité que dans la vie psychique individuelle.

Conclusion

Le problème soulevé par Lévy-Bruhl était celui de la spécificité d'une mentalité qui serait indifférente à notre logique.

Il ne semble pas que les peuples primitifs puissent nous donner l'exemple d'une pensée qui posséderait effectivement ces caractères. Par contre, on peut se demander si l'on ne doit pas parler d'une mentalité archaïque, simplement plus manifeste dans les sociétés primitives que dans les nôtres, caractérisée par la prédominance de l'affectivité sur l'intellect et par l'indistinction entre le sujet et l'objet. Cette mentalité jouerait un rôle dans toute espèce de pensée, mais plus particulièrement dans certaines formes de la vie psychique. Cependant, la question reste encore posée de savoir si cette mentalité est ou non, en dernière analyse, irréductible à la pensée rationnelle.

Le problème des rapports entre sociétés archaïques et sociétés historiques conduit tout naturellement à s'interroger sur la possibilité d'un lien évolutif entre les divers types de sociétés. On aborde donc cette question avec plus d'ampleur en examinant maintenant ce que devient la théorie ou l'hypothèse évolutionniste quand on la transpose dans le domaine de la sociologie.

Bibliographie

Aldrich C. R., *The Primitive Man and Modern Civilization*, Greenwood, Londres, 1931.
Bergson H., *Les Deux Sources de la morale et de la religion*, Paris, PUF, 1946.
Blondel Ch., *La Mentalité primitive*, Paris, Stock, 1926.
Boas F., *The Mind of Primitive Man*, New York, Free Press, 1965.
Cazeneuve J., *La Mentalité archaïque*, Paris, Colin, 1961.
— *Lucien Lévy-Bruhl*, Paris, PUF, 1963.
Danzel Th. W., *Kultur und Religion des primitiven Menschen*, Stuttgart, 1924.
Doob L., *Becoming More Civilized*, Yale University Press, 1960.
Durkheim E., *Les Formes élémentaires de la vie religieuse*, Paris, Alcan, 1937.
Esteve-Fabrega C., *La Antropologia contemporanea*, Madrid, 1957.
Evans-Pritchard E. E., *Lévy-Bruhl's Theory of Primitive Mentality*, Le Caire, 1934.
Golden Weiser A. A., *Early Civilization*, New York, 1922.
— *Anthropology*, New York, Johnson reprint corp., 1971.
Gusdorf G., *Mythe et Métaphysique*, Paris, Flammarion, 1963, chap. v.
Hoebel E. A., *Man in Primitive World*, New York, 1949.
Krelinger K., « La mentalité primitive », *Revue de l'université de Bruxelles*, n° 6, mars 1921.
Kroeber A. L., *Anthropology*, New York, Brace ans Co, 1948.
Lévi-Strauss C., *Anthropologie structurale*, Paris, Plon, 1958, chap. VI.
Lévy-Bruhl L., *Les Fonctions mentales dans les sociétés inférieures*, Paris, Alcan, 1918, 3e éd.
— *La Mentalité primitive*, Paris, PUF, 1947, 14e éd.
— *L'Ame primitive*, Paris, Alcan, 1927.
— *Le Surnaturel et la Nature dans la mentalité primitive*, Paris, Colin, 1931.
— *La Mythologie primitive*, Paris, Alcan, 1935.
— *L'Expérience mystique et les Symboles chez les primitifs*, Paris, Alcan, 1938.
— *Carnets*, ouvrage posthume, Paris, 1949.
Naumann H., *Primitive Gemeinschatskultur*, Iéna, 1921.
Purphy J., *Primitive Man*, Londres, 1927.

Piaget J., *La Représentation du monde chez l'enfant*, nouvelle éd., Paris, PUF, 1947.
Spencer H., *Principles of Sociology*, Londres, Greenwood, 1880.
Tylor E. B., *La Civilisation primitive*, Paris, C. Reinwald et Co., 1876. (*Primitive Culture*, Londres, 1871.)
Yung C. G., *Symbole der Wandlung*, Zurich 1912.

6

Évolutionnisme (culturel et social)

L'évolutionnisme peut être défini moins comme une doctrine particulière que comme la tendance générale à supposer et à rechercher une loi d'évolution dans la série des changements observables ou prévisibles. C'est, bien sûr, dans le domaine biologique que l'évolutionnisme a pris sa forme la plus déterminée avec les théories de Lamarck et de Darwin sur l'évolution des espèces vivantes. L'hypothèse d'une évolution régulière dans les organisations des sociétés et dans leurs productions culturelles était cependant implicitement contenue dans bien des spéculations antérieures sur le progrès des civilisations. Mais le darwinisme allait lui donner plus de consistance, lui fournir des modèles méthodologiques et l'insérer dans une conception plus vaste.

L'évolutionnisme culturel et social était sans doute, en un sens, plus aisé à concevoir que l'évolutionnisme biologique, car il ne se heurtait pas à la fixité au moins apparente des espèces vivantes, puisque au contraire on trouve aisément des exemples évidents de changement dans la vie des sociétés. Cependant, la complexité des phénomènes sociologiques, leur caractère multiforme et instable rendaient plus hasardeuse la notion d'une loi régissant leur devenir. Aussi bien les critiques à l'encontre de cet évolutionnisme se sont-elles attachées à dénoncer vigoureusement l'incompatibilité d'une évolution unilinéaire avec la diversité des changements sociaux, ce qui a entraîné des assouplissements dans l'hypothèse première.

1. L'évolutionnisme unilinéaire

I. ORIGINES ET PREMIÈRES ÉBAUCHES

Les principes fondamentaux de l'évolutionnisme culturel et social se situent au confluent de plusieurs courants d'idées émanant eux-mêmes de diverses observations. C'est, d'abord, la comparaison entre divers types de civilisations qui a pu suggérer l'idée que les uns représentaient des formes arriérées et les autres des formes avancées de la société.

En second lieu, la croyance en un progrès de l'humanité, liée à de très anciennes traditions philosophiques mais particulièrement dominante au XVIIIe siècle, conduisait à interpréter les résultats de toutes ces comparaisons de telle manière que la civilisation moderne se présentait comme une étape avancée dans un processus continu, les formes sociales dites antiques, barbares, primitives ou préhistoriques correspondant à des étapes ou des arrêts dans cette même évolution vers le progrès.

Enfin, les premières réflexions sociologiques, de tendance généralement synthétique, invitaient à lier les uns aux autres tous les aspects de la vie culturelle et sociale, ou à les faire tous dépendre d'un facteur déterminant (spirituel, technique ou économique), de sorte que c'était bien un processus global qui était en cause, chaque étape du développement se situant dans son ensemble sur une ligne évolutive unique et valable pour toute l'humanité. Bref, la méthode comparatiste appuyée sur l'élargissement de l'investigation anthropologique, associée à la philosophie du progrès et renforcée par la systématisation sociologique, aboutissait tout naturellement à un évolutionnisme unilinéaire.

Une telle tendance se trouve exprimée notamment dans l'œuvre de G. Klemm (1843). Cet auteur distingue dans le développement des sociétés trois phases — la sauvagerie, la soumission et la liberté — qu'il caractérise par des acquisitions successives dans les domaines de la technique et de l'organisation religieuse et politique. Pour expliquer le fait que certains peuples stagnent dans les premières étapes alors que d'autres progressent, Klemm se fonde sur l'inégalité des races, les unes étant passives, les autres actives.

Avec les travaux de J. J. Bachofen (1861) apparaît la tentative de lier les phases culturelles à des progrès décisifs dans un ordre particulier qui, en l'espèce, est celui de la filiation. Cet auteur s'est en effet efforcé de montrer que l'humanité primitive avait été régie par la promiscuité, c'est-à-dire par un état d'inorganisation dans les rapports sexuels. A celui-ci, selon lui, aurait succédé un système familial fondé sur le droit maternel et la descendance matrilinéaire. La troisième étape aurait été celle du droit paternel et de la descendance patrilinéaire. A chacune de ces phases dans l'organisation de la cellule sociale correspondraient des formes spécifiques de mythologie, de religion, de vie sociale, avec cependant des décalages et des phénomènes de survivance. Une théorie à peu près analogue a été développée plus tard par F. J. Mac Lennan.

II. L'ÉVOLUTIONNISME RADICAL

C'est à partir de la publication par Darwin de son ouvrage sur l'évolution des espèces (1859) que se sont développées sous leur forme la plus systématique les études postulant une succession universelle d'étapes régies par un déterminisme rigoureux dans l'histoire de l'humanité. Nombreux sont les travaux qui ont illustré ce mouvement de pensée mais ce sont ceux de H. Spencer et de L. H. Morgan qui ont structuré cet évolutionnisme.

Spencer avait en effet conçu le vaste projet d'expliquer le devenir de tous les êtres et de toutes les formes de vie sociale par un principe unique, par une formule générale de l'évolution régie par les lois de la mécanique. Les individus qui composent la société étant assimilés à la matière, la loi universelle du devenir social était, d'après lui, celle du passage continu de l'homogénéité à l'hétérogénéité et celle d'une intégration de plus en plus grande des parties dans le tout. Toutefois, il admettait que le mouvement inverse, celui de la dissolution et du passage de l'hétérogénéité à l'homogénéité, pouvait se produire dans certains cas. Autrement dit, l'évolution des sociétés suit une direction et des phases bien définies, avec parfois des retours en arrière. Décrivant, d'après ce principe, le développement de l'humanité primitive, Spencer expliquait, par exemple, la formation des premières croyances religieuses par l'élaboration progressive de l'animisme, rejoignant ainsi les vues de J. G. Frazer et de E. B. Tylor.

Moins développée sur le plan philosophique, mais plus solidement étayée par des recherches anthropologiques, l'œuvre de Morgan représente l'expression la plus marquante de l'évolutionnisme linéaire social et culturel. Dans l'introduction de son ouvrage principal, *Ancient Society* (1877), Morgan affirmait très clairement que l'humanité évoluait à partir de l'état de sauvagerie vers la civilisation en passant obligatoirement par l'état de barbarie, et que tous les peuples sans exception étaient soumis à ce même type d'évolution, avec seulement des vitesses différentes, les uns stagnant à l'étape originelle, les autres à la deuxième, tandis que d'autres avaient atteint la troisième. Ce parallélisme rigoureux dans le devenir de toutes les sociétés humaines était poussé très loin par Morgan, dans le détail même de ces trois phases. En effet, chacune d'elles pouvait, selon lui, être divisée en trois périodes successives, de sorte que l'évolution linéaire comportait neuf états dérivant les uns des autres d'une façon bien déterminée, chacun de ces états étant caractérisé par une innovation technique. Ainsi, la technologie apparaissait comme le facteur essentiel conditionnant le développement social et entraînant, à chacun des autres états, des formes spécifiques du régime de propriété et du système politique. On comprend tout l'intérêt que cette théorie pouvait présenter pour les marxistes. Et, en effet, Engels en fit grand cas et contribua beaucoup à lui donner une audience élargie, en même temps d'ailleurs qu'à lui attirer la défiance de certains américains. Il est certain qu'on trouve dans les principes fondamentaux du matérialisme historique une conception évolutionniste beaucoup plus complexe que celle de Spencer et de Morgan en ce qui concerne le devenir des sociétés capitalistes, mais parfaitement compatible avec les vues de Morgan quant aux premières étapes de l'histoire.

Le point de départ de l'évolution sociale telle que la conçoit Morgan est donc la sauvagerie, c'est-à-dire ce qu'on appelle le paléolithique, où règnerait, selon lui, comme selon J. J. Bachofen et J. F. Mac Lennan, la promiscuité, l'absence de régulation dans les unions, en même temps qu'une sorte de communisme primitif. La sauvagerie ancienne était caractérisée par le langage; la sauvagerie moyenne par le feu, la hache, la lance; la sauvagerie récente par l'arc. L'étape barbare, qui coïncide à peu près avec ce qu'on nomme le néolithique, apparaît avec l'invention de la poterie, se développe dans ses phases moyenne et récente avec l'apparition de l'élevage et de l'agriculture puis de la métallurgie. Quant à l'étape de la civilisation, elle naît avec la découverte de l'écriture, se poursuit dans sa phase moyenne avec celle de la poudre et de l'imprimerie, pour atteindre son aspect récent avec des techniques plus modernes comme celles de la vapeur et de l'électricité. On retient de cette grande fresque beaucoup moins l'énumération de ces transformations successives et la classification parfois arbitraire des populations primitives dans des catégories évolutives que l'effort souvent fécond pour établir, dans chaque cas, des corrélations entre l'équipement technique et les autres aspects de la vie sociale. Quant au tableau de l'évolution des structures familiales présenté par Morgan, s'il a joué assez longtemps un rôle important, il n'a pas survécu à l'épreuve du temps. Se fondant sur des données ethnographiques, et en particulier sur ses recherches personnelles chez les Iroquois, Morgan pensait qu'après le stade primitif de la promiscuité, l'humanité avait connu le système de la famille consanguine prohibant seulement l'union entre parents et descendants directs, puis celui du mariage par groupes, puis celui de la famille matriarcale, puis celui de la famille patriarcale polygamique, enfin celui de la famille monogamique.

A côté des œuvres de Morgan, l'évolutionnisme radical est représenté par un grand nombre d'autres études anthropologiques, notamment celles de Frazer, qui faisait de la religion l'aboutissement de la magie, celles de Tylor, qui, avec cependant quelque prudence, distinguait trois phases d'évolution (sauvagerie, barbarie, civilisation), celles de Sir John Lubbock, qui retrace l'histoire des religions suivant six périodes successives (athéisme, fétichisme, naturisme, chamanisme, anthropomorphisme, déisme).

2. Difficultés et assouplissements

I. LES CRITIQUES

Au sein même de la tendance évolutionniste, des doutes se firent jour, concernant le caractère unilinéaire de l'évolution. Tylor, par exemple, reconnaissait l'originalité des diverses cultures, et A. Bastian, tout en affirmant l'existence d'une loi générale du développement des sociétés, réduisait ce schéma à des « idées élémentaires » prenant des formes diverses et aboutissant à des types sociaux et culturels différents suivant les peuples. Mais c'est surtout l'action de F. Boas et des doctrines « diffusionnistes » qui marqua la réaction la plus vive contre l'influence de Morgan. Tout d'abord, Boas critiquait la méthode des « ethnologues en chambre » qui, pour forcer les faits à entrer dans leurs plans évolutifs, perdaient le contact avec les réalités observées sur le terrain. Et, d'autre part, il était plus attentif aux phénomènes d'emprunt et de diffusion d'une société à une autre à partir d'un foyer culturel qu'aux relations causales entre les diverses phases d'une succession de formes.

En général, on s'est aperçu que, même s'il y avait des constantes dans l'évolution des sociétés, il était dangereux d'en déduire des lois de transformation, et l'on a préféré s'orienter soit vers l'explication des cultures particulières, soit vers la recherche de structures.

II. LES NOUVELLES ORIENTATIONS

En France, la sociologie durkheimienne ne rejetait certes pas l'idée que l'évolution des sociétés présenterait des régularités et s'inscrirait dans des catégories successives. Par exemple, le totémisme paraissait représenter la forme élémentaire d'où étaient issues les religions plus développées, et par conséquent en fournir les principes originels. De même, Durkheim retraçait l'évolution morphologique des sociétés globales à partir de la horde, en passant par les sociétés polysegmentaires composées, pour aboutir aux unités complexes lorsque la solidarité organique succède à la solidarité mécanique. Mais il ne pensait pas pour autant que les phénomènes sociaux pouvaient tous s'interpréter par rapport à des phases déterminées dans cette évolution globale.

De toute manière, à l'exception peut-être des structuralistes et de certains culturalistes, rares sont les anthropologues modernes qui ont totalement échappé à la tentation évolutionniste et n'ont pas établi une progression entre les divers types de sociétés. Mais rares sont aussi, en même temps, ceux qui n'ont pas été sensibles aux enseignements de Boas et n'ont pas fait prédominer la recherche des particularités sur celle des lignes générales de l'évolution humaine.

Parmi les auteurs qui représentent des formes modernes de l'évolutionnisme, on peut citer L. White, W. G. Childe, J. Steward, mais aussi plusieurs anthropologues et sociologues qui s'inspirent du marxisme pour chercher comment l'évolution de la technologie et celle des rapports de production conditionnent des formes successives d'organisation sociale.

La formule de White est bien celle d'un évolutionnisme

universel, qui explique le progrès culturel par l'augmentation quantitative de l'énergie rendue utilisable. La théorie de Steward est en revanche celle de l'évolutionnisme multilinéaire et conduit à trouver des rapports de causalité et des lois générales dans les changements qui peuvent survenir au sein d'un groupe social, en mettant l'accent sur les connexions entre les divers facteurs de changement, tels que le milieu, le développement technologique, l'appareil social, les idéologies, ce qui permet de distinguer des paliers dans le progrès culturel. Childe, de son côté, renouant assez précisément avec l'évolutionnisme classique, s'est efforcé d'expliquer la naissance de la civilisation en étudiant plus particulièrement le rôle des foyers d'urbanisation à l'époque paléolithique ou mésolithique.

En définitive, les vues systématiques de Spencer et de Morgan ont appelé une réaction de la part des chercheurs sensibles à la diversité des cultures. Mais, après certains assouplissements, l'évolutionnisme culturel et social continue d'orienter des recherches fécondes.

Après cette mise au point sur l'évolutionnisme et à l'issue de cet itinéraire à travers quelques notions maîtresses servant à définir ou à situer les uns par rapport aux autres divers aspects du phénomène social, il apparaît bien que la sociologie doit se frayer un chemin difficile entre deux écueils. D'une part, il lui faut éviter les distinctions trop rigides et les séparations trop étanches. D'autre part, elle doit se garder d'une trop grande et trop tentante systématisation. On ne peut cependant abandonner totalement la recherche d'une certaine rationalité qui permettrait d'ordonner toutes ces formes et ces états de la société les uns par rapport aux autres. Les mêmes difficultés et les mêmes tendances se retrouvent lorsqu'on examine, comme on va tenter de le faire dans les chapitres suivants, comment les divers éléments qui composent les sociétés (individus, groupes, classes, strates) concourent à son fonctionnement, les font évoluer, et peuvent évoluer avec elles.

Bibliographie

Bachofen J. J., *Du règne de la mère au patriarcat* (*Das Mutterrecht Eine Untersuchung über die Gynaikikratie des alten Welt nach ihrer religiösen und rechtlichen Natur*, 1861), Paris, 1938, textes choisis, trad. A. Turel.
Bastian A., *Der Mensch in der Geschichte. Zur Begründung einer psychologischen Weltranschauung*, Leipzig, 1860, 3 vol.
Bianchi U., *Storia dell'etnologia*, Rome, 1965.
Boas F., *The History of Anthropology*, New York, 1904.
« Evolution or Diffusion », *American Anthropologist*, 1924, vol. XXIV.
Childe W. G., *De la préhistoire à l'histoire* (*What Happened in History*, éd. déf., 1954), Paris, Gallimard, 1963, trad. A. Mansart et J. Barthalan.
Darwin C., *L'Origine des espèces au moyen de la sélection naturelle, ou la Lutte pour l'existence dans la nature* (*On the Origin of Species by Means of Natural Selection, or the Preservation of Favoured Races in the Struggle for Life*, 1859), Paris, 1872, trad. E. Barbier.
Durkheim E., *Les Règles de la méthode sociologique*, Paris, Alcan, 1927, 8e éd.
Les Formes élémentaires de la vie religieuse, Paris, PUF, 1960, 4e éd.
Frazer J. G., *Le Rameau d'or* (*The Golden Bough. A Study in Magic and Religion*, 1890), Paris, 1920-1930, 12 vol.
Klemm G. F., *Allgemeine Kulturgeschichte der Menschleit*, Leipzig, 1843.
Lowie R. H., *The History of Ethnological Theory*, New York, Holt Rinehart and Winston, 1937.
Lubbock J., *Prehistoric Times*, Londres, 1872.
Mac Lennan J. F., *Studies in Ancient History*, Londres, 1886.
Mercier P., *Histoire de l'anthropologie*, Paris, PUF, 1966.
Morgan L. H., *Ancient Society*, Cambridge, L. A. White (Mass.), 1964.

Spencer H., *Principes de sociologie* (*Principles of Sociology*, 1875), trad. E. Cazelles et J. Gerschel, Paris, 1878-1887, 4 tomes.
Steward J., *Theory of Culture Change*, University of Illinois Press, 1955.
Tylor E. B., *La Civilisation primitive*, Paris, C. Reinwald et Co, 1876. (*Primitive Culture*, Londres, 1871.)
White L., *The Science of Culture*, New York, Farrar Straus and Giroux, 1969.

2

Le fonctionnement des sociétés

7
Rôle et statut

Les concepts d'organisation sociale, de type social, et ceux qui délimitent des unités dans les champs d'observation du sociologue ne sont évidemment pas rigoureusement séparables des notions qui concernent le fonctionnement des groupes humains. L'opposition entre une statique sociale et une dynamique sociale, souvent présentée comme fondamentale par les pionniers de la sociologie, a été, par la suite et à juste titre, dénoncée comme artificielle et surtout dangereuse, dans la mesure où elle tendrait à faire croire qu'il puisse exister des sociétés purement inertes, leur mise en mouvement étant pour ainsi dire aléatoire. Or il est bien évident que le propre de tout ce qui est humain est d'évoluer sans cesse.

Cependant, si l'on prend soin de bien préciser qu'il s'agit d'un principe purement méthodologique, d'une manière de classer les problèmes sans les isoler les uns des autres, il n'y a alors pas trop d'inconvénient à faire se succéder, en se complétant, deux manières d'observer et de chercher à comprendre le phénomène social : celle qui l'envisage comme un ensemble analysable ou un tout complexe renvoyant à des problèmes divers, et celle qui en démontre le fonctionnement. De la même façon, la médecine a besoin de connaître l'anatomie et la physiologie, sans pour autant insinuer que la description anatomique suppose que le corps vivant peut être considéré comme inerte.

Pour comprendre le fonctionnement du système social, il

faut d'abord considérer qu'on a ici affaire à des unités ou des totalités dans lesquelles s'insèrent des individus, et l'on doit par conséquent commencer par voir quelle peut y être la place de ceux-ci.

C'est précisément pour déterminer cette insertion et cette place que sont précieuses les notions de rôle et de statut. Elles se trouvent elles-mêmes situées à l'intersection de la sociologie proprement dite et de la psychologie sociale.

Les définitions proposées par Jean Stoetzel [1] sont particulièrement claires. « Si l'on prend pour centre d'observation un individu, écrit-il, la place qu'il occupe détermine son statut et son rôle : son statut est l'ensemble des comportements à quoi il peut s'attendre légitimement de la part des autres ; son rôle est l'ensemble des comportements à quoi les autres s'attendent légitimement de sa part. » Les deux notions sont donc distinctes l'une de l'autre, mais complémentaires. Par exemple, le médecin, de par son statut, est en droit de penser qu'il aura dans le groupe social une certaine position, qu'il bénéficiera d'un certain prestige, et ses malades comptent sur lui pour qu'il les soigne, car c'est son rôle.

Cela dit, certaines équivoques peuvent subsister quant au sens exact de ce qu'est le rôle social.

Ainsi, comme le note Mme Rocheblave-Spenlé [2], on constate que chez beaucoup d'auteurs on désigne par ce vocable soit un comportement effectif soit une conduite théorique, normative. C'est pour éviter cette confusion entre rôle joué et rôle prescrit que Newcomb a proposé une distinction entre le rôle et le comportement de rôle, celui-ci correspondant à la manière dont chacun interprète son rôle.

Il faut noter aussi que les rôles peuvent évoluer. Par exemple, le rôle de la femme n'est pas le même aujourd'hui

1. J. Stoetzel, *Psychologie sociale* (Flammarion, 1963), p. 178.
2. A. M. Rocheblave-Spenlé, *La Notion de rôle en psychologie sociale* (PUF, 1969).

que naguère. Le rôle peut se définir à la fois par des « expectations » et par un consensus, en ce sens que le consensus des individus fonde les attentes du groupe à l'égard des prescriptions du rôle.

Newcomb a proposé un exemple d'étude empirique de ces attentes et de ce consensus portant sur le rôle maternel. Il a ainsi constaté que certains comportements sont liés au rôle maternel par la totalité des sujets interrogés. Par exemple, tous pensent qu'une mère doit soigner ses enfants et veiller à leur nourriture. Il s'agit donc là d'une conduite essentielle du rôle. D'autres conduites sont seulement souhaitées. C'est le cas, par exemple, de l'obligation de raconter des histoires aux enfants. Enfin, lorsque le pourcentage des réponses descend très bas, on peut considérer qu'il s'agit simplement de conduites permises ou indifférentes par rapport au rôle. On peut donc dessiner expérimentalement les contours d'un rôle dans un groupe donné, en mesurant le degré du consensus par rapport aux comportements qui peuvent lui être liés, et qui peuvent être considérés comme essentiels, obligatoires, souhaités, permis, tolérés ou interdits. Le comportement de rôle se situe dans la marge d'indétermination laissée entre ce qui est obligatoire et ce qui est interdit. D'ailleurs, si les rôles évoluent, c'est parce que les acteurs intéressés opèrent des glissements par leurs comportements, au point d'affecter à la longue les données du consensus. Il y a, d'autre part, certains rôles qui sont plus ou moins étayés que d'autres par ce consensus social. Plusieurs enquêtes ont, par exemple, établi que la « crise de l'adolescence » est souvent imputable à l'imprécision du rôle d'adolescent. Les gérontologues font des remarques analogues en ce qui concerne le rôle des vieillards retraités dans nos sociétés, par opposition aux rôles professionnels qui sont mieux définis.

On peut classer les rôles sociaux suivant les systèmes de référence. Il en est qui concernent la société globale en général et ses idéaux ou ses valeurs reconnues. On peut les rattacher à la personnalité de base. C'est le cas par exemple du citoyen, de l'honnête homme, du gentleman. D'autres, comme ceux qui concernent l'âge et le sexe, sont liés à des complexes bio-sociaux. D'autres sont en rapport avec les classes sociales ou les groupements (professions, situations familiales, etc.). On s'aperçoit alors que leur classification est calquée sur celle des statuts qui résultent plus directement des structures sociales.

On peut faire, avec Linton, une première distinction entre statut actuel et statut latent, le premier étant celui qui est directement mis en évidence par la situation envisagée. Par exemple, un individu apparaît comme ouvrier quand on l'observe dans sa vie professionnelle. Cela n'empêche qu'il a en même temps d'autres statuts (père de famille, etc.) qui sont, en cette circonstance, simplement latents. Et il peut se produire des conflits entre le statut actuel et le statut latent.

En ce qui concerne la nature propre des statuts, on établit généralement une distinction entre les statuts attribués, pour lesquels l'individu n'a pas expressément opté, et les statuts acquis qu'il a, au moins théoriquement, choisis. Parmi les premiers on comptera évidemment les statuts liés à des conditions biologiques ou géographiques (âge, sexe, race, nationalité). Dans certaines sociétés, par exemple dans le régime des castes, les statuts attribués débordent bien au-delà de ces limites, puisque la profession elle-même peut être obligatoirement liée à l'origine familiale et par conséquent avoir un caractère congénital. En un sens, le problème de la mobilité sociale concerne la marge entre ce qui est attribué et ce qui est acquis. Ce même problème conduit aussi à examiner plus largement le degré de dépendance entre les divers types de statut, notamment entre les statuts biologiques, familiaux, professionnels, économiques, culturels.

Du fait que, dans beaucoup de sociétés, la plupart des statuts sont plus ou moins rattachés les uns aux autres, sinon en droit du moins en fait, on peut chercher à savoir quel est celui qui est le plus déterminant dans cette constellation. Dans les sociétés modernes, il apparaît fréquemment que c'est le statut professionnel. Dans les sociétés archaïques, c'est parfois le statut religieux ou celui de l'âge. Dans la Chine ancienne, le statut culturel jouait un rôle important. Mais ces prééminences ne sont pas toujours très nettes. Par exemple, un homme très riche, un chiffonnier milliardaire, peut exercer une profession qui ne jouit pas d'un statut très élevé. C'est pourquoi, fréquemment, les sociologues prennent comme référence le statut de prestige, au point même que, dans leur vocabulaire, le mot statut, ou *status,* en arrive à désigner purement et simplement le statut de prestige. Celui-ci, cependant, varie suivant les groupes sociaux et il est moins institutionnalisé que le statut professionnel, moins facile à mesurer que le statut économique. Il est déterminé par un consensus. On est donc conduit à l'examiner par des enquêtes empiriques en demandant aux représentants du groupe social ce qui compte le plus pour eux (profession, culture, fortune, famille, éducation, décorations, etc.) puis en les invitant, pour chaque type de statut, à établir une hiérarchie selon le degré d'estime qu'ils accordent.

Les résultats sont variables selon les milieux explorés. Nous aurons l'occasion de revenir sur ce problème à propos des stratifications sociales, puisque c'est le principe même des hiérarchies qui est ici en cause.

L'estimation des statuts conduit aussi, d'autre part, à examiner quels sont les groupes de référence qui sont en cause. Le plus souvent, ainsi que l'a montré Merton, les individus, pour évaluer leur propre statut, se réfèrent à leur groupe d'appartenance. Dans certains cas, s'il s'agit par exemple d'âge, de nationalité, il n'y a pas d'hésitation sur la désignation du groupe d'appartenance. Mais quand il s'agit de classe sociale, il n'en est pas de même, ainsi qu'on le verra dans un autre chapitre.

D'autre part, Hyman a montré que le statut est parfois déterminé par l'idée que l'individu se fait de sa propre situation par rapport aux autres, notamment ses collègues, ses amis, ses voisins. Le groupe de référence peut donc être complexe, et il influe beaucoup sur le niveau des aspirations et des frustrations, qui s'établissent souvent par comparaison. C'est ce qu'a bien vu Merton en analysant les résultats d'une célèbre enquête effectuée auprès des soldats américains pendant la Seconde Guerre mondiale, et dont les résultats ont été publiés en 1949 par Stouffer et d'autres auteurs, sous le titre : *The American Soldier.* Les soldats mariés se sentaient plus frustrés lorsqu'ils se comparaient aux célibataires mobilisés ou aux hommes mariés non mobilisés; les soldats de l'arrière stationnés outre-mer évaluaient leur statut différemment suivant qu'ils prenaient comme groupe de référence et de comparaison les soldats et civils restés aux États-Unis ou bien les soldats du front.

De même que le rôle ne peut guère se définir que par rapport au statut, de même le statut renvoie nécessairement à un rôle. La société dispose d'un certain nombre de moyens de contrainte, implicites ou explicites, pour obtenir que les individus ajustent leur conduite au modèle que constitue le rôle lié au statut qui leur est reconnu, de sorte que les rôles sont parfois plus prescrits que naturels. Cela est vrai, même dans le cadre pourtant restreint de la famille. S'inspirant de la théorie du champ de Kurt Lewin, et définissant la famille par l'interdépendance entre ses membres et par la notion de but commun, Hubert Touzard [1] a montré que les rôles familiaux varient en

1. H. Touzard, *Enquête psycho-sociologique sur les rôles conjugaux et la structure familiale* (CNRS, 1967).

fonction de la transformation des statuts. La famille paysanne était fondée sur la dominance d'un des deux conjoints (le mari ou la femme, suivant les cas), tandis que la famille urbaine passe de la dominance à la coopération. La dichotomie des rôles conjugaux va, de ce fait, en s'atténuant, d'autant plus que l'éducation des enfants donne aux garçons et aux filles des rôles assez semblables. Les rôles sont donc associés à des types de statuts et se transforment en fonction du champ social, et l'on comprend mieux les statuts si l'on étudie les rôles ainsi prescrits par le champ social.

Plusieurs études ont été faites sur les conflits de rôles et de statuts qui montrent combien la complexité des structures laisse à l'individu une marge d'interprétation et même lui impose une prise de décision personnelle. Ces conflits sont un aspect particulièrement intéressant du problème de la liberté humaine au sein du déterminisme social, puisqu'ils font apparaître des failles dans le tissu des statuts. Wilson [1] montre bien qu'ils sont particulièrement fréquents dans les rôles liés à des statuts intermédiaires, par exemple ceux qui sont flottants entre deux extrémités d'un système hiérarchique. Ainsi, le contremaître peut se sentir plus proche des ouvriers ou de la maîtrise, le sous-officier se situer du côté des officiers ou se sentir solidaire de la troupe. Une enquête a été réalisée auprès d'étudiants des universités (Harvard et Radcliffe) que l'on avait chargés de fonctions de responsabilité en leur demandant de surveiller des examens, ce qui leur conférait un statut intermédiaire entre leurs camarades et l'administration. On leur demanda ce qu'ils feraient s'ils voyaient un étudiant qui trichait en copiant sur des notes. On leur donna le choix entre cinq conduites possibles :

1. renvoyer tout de suite le coupable et le dénoncer,

1. Wilson, *Sociology* (1966), p. 251.

2. lui permettre de terminer l'examen après lui avoir ôté ses notes, et le dénoncer,
3. le prier de se retirer de lui-même et d'abandonner l'examen, en ne le dénonçant que s'il s'y refusait,
4. lui ôter ses notes, le laisser achever son travail et ne pas le dénoncer,
5. faire semblant de n'avoir pas remarqué la fraude.

Les sujets interrogés devaient d'abord dire quelle était à leur avis la conduite qu'approuveraient leurs camarades et celle qu'approuveraient les autorités, de manière à mettre en évidence les rôles liés aux deux types de statuts. Les réponses faites indiquaient qu'à leurs yeux les autorités approuveraient la solution la plus sévère, et leurs camarades la conduite la plus indulgente. Dans 28 % des cas, les sujets interrogés indiquèrent qu'il y aurait pour eux, devant ce problème, un conflit de rôles, avec impossibilité de se conformer aux deux à la fois. Pour 11 % seulement, il n'y avait pas de problème, une même solution étant approuvée à la fois par les étudiants et l'administration. Pour 61 %, c'est-à-dire la grande majorité, il y avait certes une différence entre l'attente des autorités et celle des étudiants, mais une solution de compromis pouvait être trouvée. La troisième solution, notamment, semblait la mieux indiquée pour recueillir finalement l'approbation des camarades et celle des dirigeants de l'université.

Selon Wilson, nous inventons constamment des compromis de ce genre, sans y prêter toujours grande attention, pour régler des conflits entre des attitudes divergentes que nous conseilleraient les statuts divers qui sont les nôtres. L'intégration sociale pourrait même se mesurer à la faculté qu'ont les membres de la collectivité de minimiser ainsi les incompatibilités pouvant naître de la complexité de la vie sociale moderne. D'autre part, une société bien équilibrée doit avoir des mécanismes permettant d'éviter qu'un même individu occupe des statuts comportant des rôles par trop incompatibles. Wilson, rejoignant ici les thèses de Gibbs et Martin [1] et même celle de Durkheim, estime que le taux des suicides diminue quand le nombre des rôles et statuts compatibles augmente, c'est-à-dire lorsque se perfectionne l'intégration des statuts.

A propos des statuts, on peut évoquer d'autre part la question de l'efficacité des symboles. En effet, dans beaucoup de sociétés, certains statuts (de profession, de prestige) sont manifestés par des signes concrets et distinctifs, tels que des uniformes ou des décorations.

C'est le cas de certaines professions (tenues militaires, blouses blanches et caducées du corps médical, robes des avocats, etc.), de certains statuts nationaux ou provinciaux (costumes traditionnels). Mais on peut aussi porter attention aux symboles honorifiques et aux signes distinctifs du prestige que sont les maisons, les automobiles, ou les titres (titres de noblesse, grades de docteur, dénominations de président, maître, etc.). Il serait intéressant, dans chaque société, de voir ceux des statuts qui sont ainsi consolidés et signifiés et ceux qui ne le sont pas ou ne le sont plus. Pourquoi, par exemple, le titre de docteur n'est-il donné qu'aux titulaires du doctorat en médecine, et non aux docteurs ès lettres ou ès sciences? La structure plus solide de la profession médicale en est la raison.

On peut, d'autre part, faire état de quelques recherches concernant les rapports entre statuts sociaux et maladies mentales.

Selon Jaspers, celles-ci seraient plus fréquentes parmi les personnes exerçant des professions libérales. Stern [2] confirme ce résultat, en ajoutant que les agriculteurs sont les moins atteints par ces affections. Mais il faut ici

1. Gibbs et Martin, « Theory of status integration and its relationship to suicide », *American Sociological Review* (avril 1958), p. 162.

2. L. Stern, *Kulturkreis und Form der geistigen Erkrankung* (Halle, 1913).

incriminer plutôt les différences entre les modes de vie dans la ville ou à la campagne. D'autre part, le dépouillement de plusieurs milliers d'observations cliniques en Espagne montrerait que la toxicomanie est surtout fréquente chez les intellectuels, la schizophrénie chez les étudiants en philosophie et en théologie, le délire de la persécution chez les policiers, les névroses chez les infirmières et les institutrices. Mais il faut accueillir ces données avec quelque circonspection, car elles peuvent tenir à des causes conjoncturelles. D'ailleurs, les diverses enquêtes ne donnent pas toutes des résultats convergents ou constants. Roger Bastide [1] constate, d'après des documents, qu'auparavant les maladies mentales semblaient être plus répandues chez les intellectuels que chez les manuels et qu'au contraire les travaux récents les révèlent en pourcentage plus élevé parmi les travailleurs manuels.

D'autres, Frumkin par exemple, observent que les personnes de statut social peu élevé développent surtout des maladies mentales sociogéniques, dirigées contre la société, tandis que dans les classes élevées on trouve plutôt des maladies d'origine psychique dirigées contre le Moi. Il faut, pour expliquer la variation des résultats selon les périodes, tenir compte du fait que les statistiques sont maintenant mieux utilisées, que les maladies mentales sont mieux repérées jusque dans des classes plus modestes et aussi du fait que le travail manuel, avec le développement de l'automation, entraîne des conditions de vie différentes de celles de l'artisanat.

On peut se demander si l'équilibre personnel est lié davantage au statut professionnel, au statut économique ou au statut de prestige. Frumkin [2] estime que ces divers types

1. R. Bastide, *Sociologie des maladies mentales* (Flammarion, 1965), p. 138.

2. Frumkin, « Occupation and major mental disorders », *Mental Health and Mental Desorder* (New York, 1955).

de statut peuvent exercer conjointement des influences sur la vie psychique, mais il attribue plus d'importance au statut de prestige qu'au statut économique. Roger Bastide corrige cette conclusion, en faisant remarquer que le sentiment de sécurité est souvent lié au statut économique.

Si l'on considère le tableau des stratifications sociales selon le revenu, on constate que les névroses prédominent dans les classes élevées et les psychoses dans les couches inférieures de la population. En particulier, le pourcentage de schizophrénies semble augmenter quand on descend l'échelle sociale. D'autres auteurs, notamment Warner, rattachent plutôt l'état mental, du point de vue sociologique, aux difficultés de la mobilité sociale. Les plus vulnérables seraient les sujets qui veulent s'élever dans l'échelle du prestige et n'y parviennent pas. On est ainsi conduit au problème plus général qui est celui de l'acceptation des statuts. Ceux-ci, dans chaque milieu social, sont liés à des valeurs reconnues et ils entraînent aussi certaines attitudes. En définitive, le statut, avec les rôles qui s'y rattachent, conditionne l'insertion de l'individu dans la structure sociale, et il est ainsi une notion clef à la fois de la sociologie et de la psychologie sociale.

Bien souvent, ce sont des décalages entre divers types de statuts qui sont à l'origine de certains bouleversements sociaux ou politiques. On peut citer à ce propos le rôle des esclaves affranchis dans la Rome impériale, ou celui de la bourgeoisie sous l'Ancien Régime (dont nous aurons l'occasion de parler à un autre propos).

De nos jours, Vance Packard signale une distorsion entre la hiérarchie idéale des valeurs et la hiérarchie réelle des statuts qui commande les attitudes de l'opinion publique américaine.

Le rôle de l'individu consiste, certes, à assumer son statut, mais aussi à l'interpréter, voire à le faire évoluer. En ce sens, le rôle est un élément de la dynamique sociale, et une société risque de se scléroser si elle emprisonne trop les rôles dans les définitions rigides des statuts. Mais, inversement, on peut dire que le groupe ne peut maintenir sa cohésion et son existence que si les statuts sont plus ou moins acceptés et vécus comme étant conformes à des valeurs reconnues, ce qui implique une certaine cohérence entre rôles et statuts.

L'adéquation des rôles et des statuts est aussi un élément important de notre équilibre psychique, celui-ci étant bien entendu lié partiellement à une harmonieuse insertion sociale. J. H. Mead a d'ailleurs consacré son œuvre la plus connue à montrer que l'apprentissage des rôles conduit à la fois à former la personnalité consciente et à assurer le fonctionnement de la communauté sociale. D'autre part, Moreno estime qu'en amenant les personnes à jouer certains rôles, on peut parvenir à mieux analyser leur personnalité profonde. C'est le principe du psychodrame, au cours duquel l'individu invente ou reproduit un rôle et qui est surtout un procédé de diagnostic. Le sociogramme, lui, va plus loin encore, jusqu'au principe de l'enracinement social. En mettant aussi en jeu les réactions du public, il constitue « une méthode de recherche active et approfondie sur les relations qui se forment entre les groupes et les idéologies collectives », et il peut être une thérapeutique.

De telles méthodes constituent pour le sociologue un moyen de saisir sur le vif l'extrême complexité entre vie sociale et vie individuelle, en remontant aux liaisons profondes que les rôles entretiennent avec les statuts.

Bibliographie

Sur la notion de *rôle,* on trouvera une importante bibliographie à la fin du livre de A. M. Rocheblave-Spenlé, *La Notion de rôle en psychologie sociale,* Paris, PUF, 1969, p. 450-514.

Sur le statut, voir entre autres :

Bastide R., *Sociologie des maladies mentales,* Paris, Flammarion, 1965.

Bendix R. et Lipset S. M., *Class, Status and Power,* Londres, Routledge, 1966.

Bierstedt R., *The Social Order,* New York, 1957.

Gibbs et Martin, « A theory of status integration and its relationship to suicide », *American Sociological Review,* Northampton, 1938.

Hyman, « The psychology of status », *Archives of Psychology,* 1942.

Linton R., *De l'homme,* Paris, Éditions de Minuit, 1948. (*The Study of Man,* New York, 1936.)

Mead G. H., *L'Esprit, le Soi, la Société,* PUF, 1963 ; (*Mind, Self, Society,* University of Chicago Press, 1934.)

Moreno J. L., *Fondements de la sociométrie,* PUF, 1970. (*Who shall survive,* Beacon House, 1934.)

Packard V., *Les Obsédés du standing,* Paris, Calmann-Lévy, 1960. (*The Status Seekers,* Mc Graw Hill, 1959.)

— *A l'assaut de la pyramide sociale,* Paris, Calmann-Lévy, 1964. (*The Pyramid Climbers,* Mc Graw Hill, 1962.)

Stern L., *Kulturkreis und Form der Geistigen,* Erkankung, Halle, 1913.

Stoetzel J., *Psychologie sociale,* Paris, Flammarion, 1963.

Stouffer, *The American Soldier,* 1949.

Touzard H., *Enquête psychosociologique sur les rôles conjugaux et la structure familiale,* Paris, CNRS, 1967.

8

Stratification

Aussi loin que l'on remonte dans l'histoire ou que l'on aille chercher dans l'espace, on ne trouve aucune société entièrement dépourvue de hiérarchie. Sans doute, les utopistes ont-ils souvent rêvé de supprimer les inégalités; sans doute aussi Marx, qui se voulait réaliste, a-t-il considéré que l'humanité devait tendre vers un système où tous auraient le même genre de statut et d'occupation; mais du moins n'en voyait-il la réalisation possible que dans un avenir très lointain, lorsque les progrès indéfinis de la science et de la technique auraient fait surgir un « nouvel homme », un homme « total », et que, la société sans classes étant elle-même dépassée, la distinction entre travail manuel et travail intellectuel s'estomperait, cependant que l'extrême abondance des biens permettrait de donner à chacun « selon ses besoins » et non plus selon ses capacités [1]. A vrai dire, cette réalisation, extrêmement lointaine, laisserait encore subsister une disparité des besoins, c'est-à-dire une inégalité irréductible due à la nature humaine.

De toute manière, on sait que les individus ne peuvent pas être identiques les uns aux autres, puisqu'ils peuvent être beaux ou laids, forts ou chétifs, sains ou malades, jeunes ou vieux. Mais quand on parle de hiérarchies sociales, il s'agit des inégalités qu'on peut imputer directe-

1. Karl Marx, *Le Capital* (4e section) et *Critique du programme du parti ouvrier allemand* (1875). Marx fait une nette distinction entre société sans classes et société sans hiérarchies professionnelles.

ment à la société. Encore y aurait-il lieu de faire une distinction, suivant qu'elle les crée elle-même, qu'elle les prend en compte, qu'elle les consacre ou qu'elle les atténue. Par exemple, la supériorité venant de la force physique se prolonge par un statut social plus élevé dans certaines sociétés primitives où les prouesses physiques sont le meilleur moyen d'acquérir prestige et pouvoir ; mais, dans les sociétés modernes, la puissance musculaire ne confère pas nécessairement les positions les plus élevées. En définitive, il y a des rapports entre les hiérarchies naturelles et les hiérarchies sociales, mais ils ne sont ni nécessaires ni constants. Cependant il n'est pas possible non plus de les abolir totalement.

Si l'on met entre parenthèses ce que la nature humaine impose en fait d'irréductibles inégalités, et si, inversement, on se situe dans le contexte des réalités observables, c'est-à-dire abstraction faite d'un projet ou d'un idéal de société, alors on se trouve confronté à deux problèmes principaux. Le premier consiste à examiner comment se présentent les hiérarchies et à tenter de les expliquer en fonction de leurs cadres réels ; le second, qui est celui de la mobilité, a plutôt pour objet les conséquences et conduit à se demander dans quelle mesure les situations sociales des individus sont conditionnées par ces hiérarchies. Hiérarchies, et mobilité à l'intérieur des hiérarchies, sont deux notions centrales en sociologie, puisque c'est par rapport à elles que peuvent être définies et appréciées les situations que les divers types de collectivités font aux individus qui les composent. Les jugements qu'on porte sur les sociétés dépendent en grande partie des formes qu'y peuvent prendre les hiérarchies (strates ou classes) et la mobilité.

1. Délimitation du problème

Les strates sont des catégories sociales déterminées par les systèmes de hiérarchie dans les sociétés. Il est clair que les séparations entre ces strates sont plus ou moins réelles ou arbitraires, car les individus rangés par le sociologue dans une même strate peuvent constituer des unités réelles ou bien n'avoir rien d'autre en commun que le fait d'appartenir à une catégorie dans la classification établie par le sociologue. Par exemple, si l'on classe les personnes selon leur revenu, on peut décider arbitrairement qu'on distinguera une première tranche de 0 à 300 F par mois, une de 300 à 400 F et ainsi de suite. Mais on peut aussi bien décider de faire des tranches plus larges ou plus étroites. De toute manière, rien ne prouve que tel découpage établi de cette manière corresponde davantage à la réalité qu'un autre. Par contre, si, dans le système des castes tel qu'il existait dans l'Inde traditionnelle, on prend en considération la stratification entre la caste des brahmanes et celle des intouchables, on a affaire à des découpages hiérarchiques réels, que le sociologue n'a pas à inventer, mais à constater. Dans bien des cas, la stratification utilisée est moins nettement réelle ou moins nettement arbitraire (ou, si l'on préfère, nominaliste). Le problème se pose, par exemple, dans les sociétés modernes, à propos des classes sociales. Les marxistes les définissent comme des unités réelles; les disciples de Weber y voient plutôt des découpages établis pour les besoins de la compréhension.

De toute manière, il est vrai à la fois que toute société existante apparaît comme stratifiée et que toute interprétation sociologique doit se doter d'un moyen de distinguer des strates dans les divers systèmes hiérarchisés.

Toute hiérarchie suppose une référence à des valeurs : les

hommes sont plus ou moins beaux, vertueux, riches, influents, admirés, parce que la beauté, la vertu, la fortune, le pouvoir, le prestige sont des valeurs par rapport auxquelles on peut les situer sur une échelle d'appréciation. Parmi ces valeurs, il en est qui, selon la distinction faite précédemment, sont imputables à l'individu lui-même, d'autres à sa place dans la société. Ce sont donc ces dernières qui fondent la stratification sociale, et celle-ci peut alors être définie par les chances que peut avoir l'individu, selon sa situation sociale, de recevoir en plus ou moins grande quantité les choses qui, dans la société, ont de la valeur, ou de participer plus ou moins aux valeurs essentielles. Pour chacune des hiérarchies relatives à une valeur de ce genre (par exemple la richesse, le prestige), les individus ayant des chances à peu près égales constituent une strate. Ou encore, comme l'écrit Sorokin, la stratification sociale consiste dans « une inégale distribution des droits et privilèges, devoirs et responsabilités, gratifications et privations, pouvoir social et influences parmi les membres d'une société [1] ». Enfin, en se fondant plus étroitement encore sur le principe de toute hiérarchie, Talcott Parsons propose la définition suivante : « La stratification sociale est le classement différentiel des individus qui composent un système social donné et leur qualification de supérieurs ou inférieurs les uns par rapport aux autres selon des valeurs importantes pour la société [2]. »

La stratification est d'une grande importance pour la compréhension des systèmes sociaux. Elle permet d'en saisir les lignes de force essentielles, et elle fait apparaître à la fois les causes de leur stabilité et celles de leurs tensions internes ou de leurs transformations. En effet, dans la mesure où la stratification est acceptée, elle exprime un ordre établi et elle le perpétue. Dans la mesure d'autre part

1. P. Sorokin, *Social and Cultural Mobility* (Free Press, 1959), p. 11.
2. T. Parsons, *Essays in Sociological Theory* (Free Press, 1949), p. 166.

où elle crée des insatisfactions, des rivalités, elle engendre des luttes, des mises en question, voire des révolutions, car les hiérarchies attribuent à chacun sa place mais les inégalités entraînent des déséquilibres. Il y a donc là un élément privilégié de la statique et de la dynamique sociales. Les sociologues ont été, selon leurs idéologies, plus ou moins sensibles à l'un ou l'autre de ces aspects. On verra combien cette dualité d'orientation retentit sur la plupart des théories de la stratification, et même sur le vocabulaire, puisque le terme de strate fait tout naturellement penser à un étagement stabilisé, tandis que celui de classe sociale, avec sa coloration marxiste, invite à mettre beaucoup plus l'accent sur les conflits et les transformations sociales.

On peut dire que de tout temps les penseurs ont réfléchi sur les problèmes liés à l'existence des inégalités sociales, soit pour en fonder soit pour en critiquer les principes, et, selon les cas, ils ont étudié tel ou tel aspect — juridique, politique, économique ou social — de la stratification.

Le domaine sociologique de la stratification est en effet extrêmement vaste. Il est en outre complexe, puisque, dans chaque société, plusieurs hiérarchies sont imbriquées les unes dans les autres, se recouvrant partiellement, se déterminant les unes les autres dans certains cas. Par exemple, la hiérarchie économique et la hiérarchie du prestige ne sont évidemment pas sans rapport l'une avec l'autre; mais on sait aussi que le nouveau riche n'obtient pas toujours la considération que lui vaudrait sa seule fortune s'il se trouve dans un milieu où la culture ou encore la naissance sont davantage prisées.

Enfin, pour bien délimiter les notions impliquées dans ces études, il importe de faire des distinctions entre celle de strate d'une part, celles de statut [1] et de classe [2] d'autre

1. Voir le chapitre précédent.
2. Voir chapitre suivant.

part, ces deux dernières étant cependant liées à la première.

Les classes, comme on aura l'occasion de le dire plus loin, ne peuvent correspondre qu'à un certain type de stratification. Le terme de stratification est donc plus large. En second lieu, il évoque certes une certaine discontinuité dans la hiérarchie, il suppose qu'on puisse y observer des paliers, mais il n'implique pas nécessairement, on l'a vu, que ceux-ci soient nettement tranchés dans la réalité. Il peut y avoir une gradation continue dans les faits entre les strates. Par contre, les classes sociales, tout comme les castes d'ailleurs, sont séparées les unes des autres, hétérogènes, distinguées par des caractères qualitatifs et non pas seulement quantitatifs comme le sont, par exemple, les strates déterminées par le revenu. En outre, comme le note Goblot, ces caractères sont communs à tous ceux qu'ils distinguent. La démarcation entre les classes est à la fois barrière et niveau. « Il n'y a pas de transition insensible entre les classes : on est bourgeois ou on ne l'est pas [1]. »

La stratification sociale pose essentiellement un problème de statut, mais elle est liée plus spécifiquement à la hiérarchie. La strate sociale est directement rattachée à une sorte de statut. Ainsi, un statut professionnel, par exemple celui de médecin ou d'ingénieur, est en même temps l'indication d'une place dans la stratification sociale liée aux professions. Mais le statut social d'homme ou de femme n'indique pas nécessairement une stratification, dans une société où il n'y a pas une hiérarchie entre les hommes et les femmes. Cependant, comme ces notions sont la plupart du temps liées l'une à l'autre, certains sociologues, comme Warner, ont tendance à identifier le statut et la strate, en confondant même celle-ci avec la classe. Il n'en est pas moins vrai qu'il y a intérêt à maintenir les

1. G. Goblot, *La Barrière et le Niveau* (Alcan, 1925), chap. I et II.

distinctions entre des termes voisins. En résumé, nous dirons que la strate sociale est liée à une certaine forme de statut, et que la classe sociale est un cas particulier de la stratification sociale.

La stratification étant un phénomène universel, on peut tenter d'en donner une théorie générale expliquant précisément pourquoi chaque société existante est stratifiée ainsi que le mécanisme des hiérarchies, leur signification, leurs conséquences. Mais, d'autre part, comme il y a, dans chaque société, plusieurs stratifications et que celles-ci sont agencées différemment suivant les contextes, il faut aussi dépasser le niveau de la théorie globale pour étudier les divers types de stratification et leurs combinaisons dans les divers types de sociétés.

2. Les théories de la stratification

Plusieurs auteurs ont relevé très judicieusement que la plupart des théories générales concernant la stratification pouvaient se classer sous deux rubriques différentes, parce qu'elles répondaient à deux intentions diamétralement opposées.

En effet, les unes, plus ou moins inspirées par le marxisme, sont de tendance radicale, insistant sur les conflits engendrés par les inégalités et s'intéressant au processus historique, tandis que les autres, particulièrement bien représentées dans la sociologie américaine, sont de tendance conservatrice, insistant sur la fonction que remplit la stratification (d'où leur étroite parenté avec la sociologie fonctionaliste) et s'intéressent aux équilibres, aux structures, plus qu'aux changements. Mais après avoir remarqué cette dualité d'inspiration entre les deux groupes de théories, il est bien naturel qu'on propose, ainsi que le fait par exemple Lenski [1], une interprétation qui dépasse et unit à la fois la théorie du conflit et celle de la fonction.

I. THÉORIES DU CONFLIT

L'étude du dynamisme dans la stratification sociale peut, à vrai dire, s'entendre de deux manières. D'une part, en effet, on peut chercher à voir comment, à l'intérieur d'un système donné de stratification, les individus peuvent, avec plus ou moins de facilité et de fréquence, passer d'une situation à une autre, par exemple comment les pauvres peuvent s'enrichir, comment les fils d'ouvriers peuvent devenir ingénieurs ou vice versa. Le problème ainsi posé est celui de la mobilité sociale [2]. Il n'engage pas directement la transformation des hiérarchies, puisqu'il se situe à l'intérieur d'une société prise à un certain moment de son évolution. Il conduit simplement à évaluer le degré de souplesse de la stratification. Mais d'autre part, on peut se demander dans quelle mesure un système de stratification est appelé à se stabiliser lui-même ou à évoluer par suite des tensions que créent les inégalités. On a alors affaire à un problème qui n'est certes pas sans rapport avec le premier, puisque la rigidité du système peut en accroître les tensions ou en freiner l'évolution, mais qui est cependant tout différent. C'est de cet aspect du dynamisme social dans les stratifications qu'il est question maintenant.

On ne s'étonnera pas que les sociologues sensibles à ce problème particulier soient portés à prendre en considération les classes sociales plutôt que toute autre forme de strates. En effet, nous l'avons vu, les classes sont des

1. G. Lenski, *Power and Privilege* (Mc Graw Hill, 1966).
2. Voir le chapitre 10.

catégories hiérarchiques présentant une certaine réalité, elles sont considérées par définition comme des unités jouant un rôle spécifique dans le processus évolutif.

C'est ainsi que pour Karl Marx, l'histoire de l'humanité est essentiellement marquée par les luttes entre les classes. La théorie de la stratification se ramène alors pratiquement à l'étude de la formation des classes sociales, de leurs luttes et des lois de leur devenir. Le concept de classe sociale exigeant une étude spécifique, nous l'examinerons dans un autre chapitre.

Ce qui importe, ici, c'est de dégager la théorie marxiste de la stratification sociale. Elle doit surtout apparaître dans son dynamisme, car c'est cela qui en constitue l'originalité.

Pour Marx il y a, dans toute société passée ou présente, une inégale distribution des biens, qui entraîne un déséquilibre entre la masse de ceux qui ne possèdent pas les richesses et le petit nombre des nantis. Ce déséquilibre est générateur de luttes, et ces luttes conduisent à des transformations sociales. Dans la société industrielle, la possession des instruments de production entraîne à la fois l'oppression du prolétariat par la bourgeoisie et, par l'accumulation et la concentration croissantes des forces capitalistes, le renforcement du prolétariat qui, en prenant conscience de sa réalité historique, en devenant révolutionnaire, prend en main l'évolution qui doit conduire à une société sans classes. On peut dire qu'à chaque phase du développement historique se déroule un processus dialectique par lequel le système de production fait naître une classe dominante, et, en même temps, produit les conditions du progrès de la classe dominée qui prendra le pouvoir dans la période suivante.

Quel est, dans ces conditions, le critère principal de la stratification? Il est évidemment économique. Mais ce serait une erreur de croire que pour Marx les hiérarchies culturelles ou politiques ne jouent aucun rôle. Ce sont les rapports de production qui expliquent, dans leur ensemble. les systèmes d'inégalité ; ce sont eux qui sont déterminants. Mais, comme l'a bien montré Althusser, l'un des plus perspicaces commentateurs de Marx, il faut, à côté de la détermination, faire attention à ce qui est facteur dominant et, de ce point de vue, les structures sociales, culturelles ou idéologiques dominantes doivent intervenir dans l'explication du phénomène propre à chaque situation particulière.

D'autre part et surtout, il faut bien voir que, pour être fondée sur l'économie, la stratification marxiste ne doit pas être confondue avec la hiérarchie des richesses. « La mesure du porte-monnaie, écrit Marx, est une différence purement qualitative, par quoi on peut toujours lancer l'un contre l'autre deux individus de même classe. » Ce qui caractérise une classe, pour lui, c'est son unité, son insertion dans le processus de production, la conscience qu'elle a de son existence, son opposition aux autres classes et aussi un certain nombre de caractères communs à tous ses membres, comme par exemple le mode de vie, les intérêts et la culture.

D'autres sociologues, sans se rallier entièrement aux vues de Marx, ont voulu, comme lui, insister sur le caractère dynamique des hiérarchies sociales et, comme lui, ils ont été conduits à voir dans la classe sociale le moteur des processus de structuration, de destructuration et de restructuration qui font que la réalité sociale est irréductible à des systèmes figés. Telle a été par exemple la position de Georges Gurvitch qui rejetait l'idée d'une évolution fatale vers une société sans lutte de classes mais qui retenait la dialectique de cette lutte elle-même.

Bref, de ce point de vue, la stratification sociale apparaît comme le principe même de l'histoire, comme un élément de perpétuel conflit interne. Il ne s'agit donc pas seulement de montrer comment un système donné de stratification correspond à une situation donnée, mais surtout de voir en même temps comment il prépare la situation à venir.

Cependant, on peut objecter que ces théories ne font pas bien comprendre pourquoi la stratification s'établit d'une manière plutôt que d'une autre, et qu'elles n'en donnent pas la signification propre au contexte dans lequel on les observe. En somme, elles ne nous révèlent pas la fonction même de la stratification.

II. THÉORIES FONCTIONALISTES

Pour les fonctionalistes la stratification répond à une nécessité sociale, et le problème est alors d'examiner comment le fonctionnement de telle ou telle société détermine tel ou tel système de stratification. Autrement dit, tandis que les théories du conflit montrent comment les luttes de classes font évoluer la société, les théories fonctionalistes recherchent le « pourquoi » de l'organisation hiérarchique. Parmi ces théories, il en est deux qui retiennent particulièrement l'attention, celle de Davis et Moore et celle de Parsons.

Théorie de Davis et Moore [1].

Le but principal de ces auteurs est de déceler à la fois les facteurs universels et les facteurs variables de la stratification. Le premier principe d'explication est que toute société doit d'une certaine manière distribuer les individus dans diverses positions sociales et les amener à accomplir les tâches liées à ces positions. En d'autres termes, tout mécanisme social répartit les statuts et fait en sorte que chacun joue le rôle correspondant à son statut. Qu'il s'agisse d'un système compétitif (comme celui de nos sociétés) ou non compétitif (comme celui des sociétés à

1. K. Davis et W. E. Moore, « Some principles of stratification », *The American Sociological Review* (n° 2, volume 10, 1945), p. 242-249.

castes héréditaires), il faut que ces arrangements de statuts et de rôles soient accompagnés de motivations, afin que les individus soient incités à occuper les places et à y faire ce que le groupe attend d'eux. Dans les systèmes compétitifs, les motivations concernent surtout le statut, c'est-à-dire qu'on incite les individus à entrer dans la compétition pour les places. Dans les systèmes non compétitifs, où la place est donnée d'avance à chacun par sa naissance, les motivations concernent plutôt l'exécution des tâches, liées aux statuts.

Le problème de ces répartitions et de ces motivations serait fort simple, si toutes les positions sociales étaient égales, comportaient des devoirs égaux et exigeaient des compétences égales. Mais il n'en est évidemment ainsi dans aucune société. Il y a des situations plus agréables que d'autres, il y en a de plus difficiles que d'autres. Dès lors, pour que, malgré ces inégalités de statuts, toutes les situations soient occupées, il faut que la société dispose de certaines récompenses et qu'elle les distribue, inégalement, suivant les statuts. C'est l'existence et la distribution de ces récompenses qui contribue à maintenir l'ordre social et qui est à l'origine de la stratification. Quelles sont ces récompenses ou rétributions? C'est d'abord tout ce qui contribue à la subsistance et au confort de chacun. C'est aussi ce qui se rapporte à la distraction et au plaisir. Et c'est finalement ce qui permet le respect de soi et la satisfaction personnelle. Étant donné le caractère social de la personne humaine, cela comporte évidemment l'appréciation d'autrui. Dans tout système social, il y a une inégale distribution de ces trois types de récompenses selon les statuts. Donc, en définitive, la stratification sociale s'explique par un processus inconscient par lequel les sociétés s'assurent que les diverses positions dans le groupe sont occupées par les personnes adéquates et que celles-ci y accomplissent les tâches requises. Pour que le système fonctionne bien, il faut donc que les récompenses les plus appréciées aillent aux positions qui ont le plus d'importance pour la société et qui exigent le plus d'aptitudes. Il y a entre ces principes une interférence qui est réglée par la loi de l'offre et de la demande. Par exemple, une fonction très importante n'a pas à être très bien rétribuée s'il se trouve qu'étant facile elle ne pose pas de problème de recrutement.

On voit tout de suite qu'une des difficultés de cette théorie séduisante consiste à définir l'importance fonctionnelle des positions. En quoi, par exemple, telle profession est-elle plus utile qu'une autre à la société? On verra que, précisément, Parsons s'efforce de mieux répondre à cette question par sa détermination des valeurs. Davis et Moore, eux, se contentent de dire que l'importance fonctionnelle se mesure selon les circonstances. Ainsi, en temps de guerre, la société décide de donner la priorité aux industries d'armement, aux fonctions militaires. D'autre part, l'importance d'une position peut être évaluée selon qu'il n'existe pas d'autres fonctions pour remplir la même tâche, ou bien qu'un grand nombre de positions en dépendent.

En ce qui concerne le second facteur, à savoir la plus ou moins grande facilité du recrutement, Davis et Moore ont moins de peine à trouver des critères. Toute position requiert en effet une certaine forme de capacité, qui peut tenir soit aux talents naturels soit à l'éducation. En principe, on trouvera aisément beaucoup de gens pour exercer les fonctions exigeant peu de dons et de formation, de sorte qu'elles seront d'autant moins élevées dans la hiérarchie des récompenses sociales. Et l'on rend compte aussi des facteurs variables de la stratification. En effet, la différence entre les divers systèmes de stratification tient au fait que d'une part l'importance fonctionnelle des situations et d'autre part la rareté ou l'abondance des personnes qualifiées varient d'une société à l'autre.

On a objecté que ces explications convenaient assez mal aux sociétés non compétitives, par exemple à celles qui sont régies par le système des castes, comme c'était le cas dans l'Inde traditionnelle, puisque l'on y appartient à la caste dans laquelle on est né et qu'on y occupe donc une position déterminée d'avance, quelles que soient les aptitudes individuelles. A cela, nos auteurs répondent que leur théorie de la stratification concerne les positions (ou, si l'on préfère, les situations sociales, les statuts) et non pas les individus. Donc, même dans le régime des castes, le degré d'élévation d'une profession dans la hiérarchie, même si on y est affecté héréditairement, peut tenir à la fois à l'importance et à la difficulté de cette profession.

Une autre objection, présentée par Tumin, porte sur le rapport entre la nécessité d'une longue formation pour certaines professions et la nécessité de les bien rétribuer. Cela suppose en effet que cette formation est considérée comme un sacrifice qu'il faut compenser par des récompenses plus grandes. Or, remarque Tumin, l'instruction requise n'implique pas un sacrifice pour l'individu qui occupera un poste, puisque c'est sa famille et non lui-même qui en fait les frais. D'autre part, le fait de s'instruire est en soi un élément de prestige. Il n'est donc pas fonctionnellement nécessaire de « motiver » les candidats à des situations exigeant une instruction supérieure. Mais Davis et Moore répondent que la satisfaction qu'on a à faire des études tient précisément aux positions enviables qu'elles permettent d'espérer. Et le fait que le sacrifice financier est demandé plutôt aux parents ne change rien à l'affaire : il faut que la position promise aux enfants soit élevée dans la hiérarchie des récompenses sociales pour que la famille accepte le sacrifice.

Comme exemples illustrant leur théorie générale, Davis et Moore citent les positions religieuses, c'est-à-dire les statuts de prêtres. Cette fonction est d'autant plus importante et d'autant plus élevée dans la stratification que les valeurs surnaturelles sont socialement reconnues et que des aptitudes sont requises. C'était le cas pour la religion bouddhiste au Tibet, pour le brahmanisme dans l'Inde, tandis que, dans les sociétés modernes fondées sur la technologie scientifique, la prêtrise a un statut moins élevé dans la hiérarchie qui, par contre, privilégie les positions importantes pour la vie politique, économique et culturelle. Le statut politique, à vrai dire, malgré son importance, ne confère pas nécessairement les positions les plus élevées, car les politiciens représentent les intérêts de divers groupes plutôt que les leurs propres, et aussi parce que ces fonctions ne requièrent pas une qualification nettement définie.

Du fait que toute profession doit être rétribuée, ajoutent Davis et Moore, il résulte que chacune d'elles présente un aspect économique, et que le niveau économique devient un indice essentiel de la place dans le système de stratification. Mais il ne faut cependant pas oublier qu'un revenu élevé ne suffit pas pour conférer à une position donnée pouvoir et prestige. Le revenu manifeste la place dans la hiérarchie sociale, il ne la crée pas, de même que la fièvre est le symptôme, non point la cause de la maladie. S'il arrive que la situation économique soit non seulement l'indice mais la cause de la position d'un statut dans la hiérarchie, c'est qu'il s'agit alors du capital, et non du revenu. En effet, il faut ici bien distinguer, quant à leur fonction, la propriété des capitaux d'une part et, d'autre part, la possession des biens de consommation, procurés par le revenu, qui, eux, témoignent seulement de la place dans la hiérarchie mais ne la fondent pas. Le capital, dans ce système, est source de revenus, tout comme la profession, et cela fausse le jeu normal de la stratification. Quand le revenu dépasse la dépense, il peut être capitalisé, et la position des capitalistes intervient dans le système de stratification. C'est dans ce cas seulement que la situation économique intervient comme moyen d'occuper une position dans la hiérarchie, et non plus seulement comme indice ou comme motivation. Il faut donc, selon Davis et Moore, tenir compte de cet élément, qui s'ajoute au simple jeu de l'importance de la position et de la difficulté du recrutement, pour avoir un tableau complet du système.

Cette théorie a le grand avantage de donner un fondement aux stratifications sociales. Mais, outre qu'elle laisse de côté le dynamisme propre à ces stratifications et aux tensions qu'elles créent, elle est assez peu claire en ce qui concerne les valeurs permettant de mesurer l'importance fonctionnelle des différents statuts, et enfin elle est un peu trop simple pour rendre compte efficacement des écarts, pourtant notoires dans toute société, entre la hiérarchie des mérites et la stratification réelle. Les thèses de Parsons, plus élaborées et plus complexes, tout en s'inspirant de principes analogues, proposent des réponses à certaines de ces objections.

Théorie de Talcott Parsons [1].

Comme la théorie précédente, et d'ailleurs comme toutes les théories fonctionalistes, celle de Parsons part du principe que la stratification répond à une nécessité sociale : elle est un système de hiérarchies fondé sur les valeurs suprêmes de chaque société. Les échelles de valeur sont elles-mêmes en rapport avec l'action sociale, c'est-à-dire avec « l'activité intentionnelle que déploient les individus dans le cadre des institutions », et en définitive avec ce que la société en question juge désirable. C'est ainsi que Parsons définit la stratification comme « le classement d'unités dans un système social selon les étalons d'un

1. Talcott Parsons, *The Theory of Action* (1953), et surtout « A revised analytical approach to the theory of social stratification » dans le livre de Bendix et Lipset, *Class, Status and Power* (Londres, 1953), p. 92-128.

système commun des valeurs ». Elle est donc la conséquence directe et aussi le moyen de l'action sociale.

Or, la division du travail produit une diversification des activités, et celles-ci ne sont pas jugées aussi importantes les unes que les autres, précisément en raison de l'échelle des valeurs liée à l'action sociale. Donc, à partir du système des valeurs essentielles à la société, celle-ci détermine une hiérarchie des activités. Comment et à partir de quels critères peut-elle évaluer les activités, les rapporter aux valeurs dominantes? Trois caractéristiques entrent en jeu : les qualités, les réalisations et l'acquis. En d'autres termes, la société fonde ses jugements de valeur relatifs à la stratification en prenant en considération divers avantages qui se ramènent à trois catégories. Ce sont d'abord les qualités que l'individu possède personnellement, en dehors de toute circonstance particulière, par exemple son intelligence, sa noblesse; et c'est la société qui, suivant son échelle de valeurs, accordera plus ou moins d'importance à telle ou telle qualité pour évaluer la position sociale. Ce sont, en second lieu, les réalisations (ou « performances ») de l'individu et ici encore, il appartient à la société d'évaluer et de hiérarchiser ces accomplissements : dans certaines sociétés, les performances techniques seront les plus prisées; dans d'autres, ce seront les prouesses guerrières. Enfin, en troisième lieu, l'évaluation des activités peut se faire par rapport à l'acquis, c'est-à-dire à la possession de certains objets (fortune) ou de certains talents et compétences (diplômes, etc.). Notons au passage que cette troisième caractéristique ne paraît pas devoir être mise sur le même plan que les réalisations et les qualités, car parfois l'acquis se distingue mal des qualités. D'ailleurs, dans d'autres ouvrages, et en particulier lorsqu'il énumère les cinq variables qui sont d'autre part à la base de son système, Parsons se fonde sur des dualités et cite, entre autres, celle de la qualité et de l'accomplissement. Il semble avoir ajouté ici le troisième critère de l'acquis pour répondre aux mêmes préoccupations qui faisaient intervenir, dans le système de Davis et Moore, les capitaux comme élément décisif de la stratification en marge du libre jeu de l'importance fonctionnelle et de la difficulté du recrutement.

Mais, de toute manière, avec les qualités, les réalisations et l'acquis, nous n'avons affaire qu'aux critères d'évaluation, c'est-à-dire au fonctionnement particulier plus qu'au principe général de la stratification. Et ces trois caractéristiques ne sont évaluées que par rapport aux valeurs essentielles de la société. C'est donc dans la détermination de celles-ci ou plutôt dans le principe général de cette détermination qu'il faut chercher le fondement de la théorie de Parsons. Celui-ci présente une typologie des valeurs sociales, qui permet de comprendre toute espèce de stratification sociale dans toute société possible. Il s'agit bien d'un modèle théorique de la stratification sociale valable dans n'importe quel contexte.

Après avoir vu ce qu'on classe, il s'agit maintenant d'étudier le principe du classement : selon quelles échelles de valeurs une société classe-t-elle les qualités, les réalisations et l'acquis? De ce point de vue, Parsons distingue quatre types de critères, c'est-à-dire quatre catégories de valeurs nécessaires au bon fonctionnement d'une société. Il appartient à chaque société d'accorder plus ou moins d'importance à l'un ou l'autre de ces types de valeurs collectives constituant le modèle théorique. Ces quatre types que Parsons énumère et définit, sans d'ailleurs expliquer nettement les raisons qui l'ont amené à retenir ces quatre types plutôt que d'autres, sont les suivants : l'universalisme, la définition des fins, l'intégration et le maintien des modèles culturels.

L'universalisme, que l'on peut aussi appeler capacité d'adaptation, correspond à la nécessité pour toute société de s'ajuster à ses conditions d'existence et concerne la rationalité telle que Max Weber l'entend, c'est-à-dire, en définitive, l'efficience, l'efficacité technique, la mise en œuvre des moyens propres à réaliser une fin.

Le second type de valeurs (qu'il eût été peut-être plus logique de placer en premier) est la définition du but et concerne les normes d'accomplissement. En effet chaque société se propose certaines finalités collectives qu'elle cherche à faire prévaloir sur les intérêts individuels.

Le troisième type, l'intégration, fait prévaloir la solidarité sociale comme valeur primordiale. Les actions sont, de ce point de vue, jugées bonnes ou mauvaises selon qu'elles favorisent ou empêchent l'intégration des individus dans la société et leur solidarité entre eux.

Enfin, le quatrième critère est le maintien du modèle. Chaque société a son modèle culturel propre, avec ses structures et ses normes, et elle tend à les conserver. C'est en somme le traditionalisme qui est ici la valeur suprême.

Ces quatre types de valeurs ont plus ou moins d'importance selon les sociétés, et il en résulte des agencements et des hiérarchies différents. Par exemple, les sociétés archaïques s'attachent davantage au maintien du modèle, tandis que les sociétés industrielles accordent plus d'attention à l'universalisme, c'est-à-dire au rendement, aux valeurs scientifiques et techniques. Il en résulte, pour ces dernières, que les qualités, les réalisations et l'acquis y seront jugés en fonction de ces valeurs primordiales. L'on peut ainsi prévoir, quand on a déterminé le critère primordial pour une société, comment, en gros, s'y établiront les stratifications sociales. Dans les sociétés industrielles, la place la plus élevée devra être logiquement accordée aux individus qui font preuve d'efficacité, de compétence.

A la théorie de Parsons, on peut faire deux objections principales. D'une part, elle n'explique pas pourquoi une société donnée fait prédominer tel type de valeur plutôt que tel autre, mais invite seulement à le constater. Car on ne le saura, pratiquement, qu'en observant comment s'y trouve établie la hiérarchie, ce que précisément on se propose de déduire. En second lieu, le fonctionalisme ne prend pas en considération les effets de ces stratifications sur le devenir même des sociétés. Il n'en saisit pas le dynamisme, il semble se contenter de trouver une harmonie entre la stratification et les structures de la société étudiée, ce qui revient peut-être à les légitimer et ce qui, en tout cas, conduit à minimiser les conflits qui résultent des déséquilibres liés aux hiérarchies. Finalement, si le fonctionalisme introduit dans l'explication sociologique plus de rationalité apparente que les théories du conflit, il a, par contre, le défaut de ne pas rendre compte du fonctionnement même des sociétés, dans la mesure où celui-ci déborde sans cesse les cadres dans lesquels la théorie prétend l'enfermer. Il n'explique guère non plus les nombreuses distorsions qui font, par exemple, que, dans une société où domine l'universalisme, certains individus réussissent et arrivent au sommet de la hiérarchie alors qu'ils sont dénués d'efficacité.

III. ESSAIS DE SYNTHÈSE

Entre ces deux types d'explication, les unes radicales (celles du conflit) et les autres conservatrices (celles du fonctionalisme), ne peut-on pas chercher un moyen terme, ou plutôt ne peut-on pas chercher à les dépasser les unes et les autres, pour saisir à la fois la fonction de la stratification et son dynamisme? C'est très précisément la tâche que s'est proposée Gerhard E. Lenski, dans un des livres les plus complets qui aient été écrits sur ce sujet [1]. Il a

1. Gerhard E. Lenski, *Power and Privilege* (Mc Graw Hill, 1966).

d'ailleurs été précédé dans cette voie par des grands théoriciens, tels que Max Weber et Pareto — qui ont à vrai dire abordé indirectement le problème de la stratification —, par Sorokin — dans son étude consacrée surtout à la mobilité sociale —, et aussi par deux sociologues, l'un belge, Pierre van den Berghe, l'autre polonais Stanislas Ossowski [1] dont l'intention précise a été de trouver un moyen d'expliquer la stratification sans se limiter aux seules vues du radicalisme ou du traditionalisme. Comme Ossowski, Lenski estime qu'il faut réformer certains concepts pour amorcer la synthèse nécessaire, et il ajoute, pour sa part, que la démarche nouvelle doit être analytique, fondée sur des études empiriques.

La théorie du conflit contient une part de vérité, en ce sens que les intérêts de la société ne concordent jamais avec ceux de tous les membres de cette société, de sorte qu'en fait une minorité tend à s'identifier à l'intérêt général, ce qui engendre effectivement des conflits. Mais, d'autre part, la théorie fonctionaliste est vraie en partie aussi, parce que toute société est partiellement intégrée, et par conséquent tend confusément à fonctionner selon certaines normes. Bref, c'est parce qu'il y a toujours intégration et parce que cette intégration est toujours imparfaite que les deux théories en présence sont à la fois valables et insuffisantes. Et, en même temps, il y a, dans la vie sociale, à la fois un certain consensus sur lequel insistent les fonctionalistes et une coercition sur laquelle les marxistes mettent l'accent. La coopération et le conflit sont deux éléments de la vie sociale réelle.

Pour bien comprendre comment s'établit la stratification dans les divers systèmes sociaux, il faut d'abord étudier sa genèse, savoir comment elle s'établit. Car ce qui est en cause, c'est la manière dont s'effectue entre les membres du

1. S. Ossowski, *Class Structure in the Social Consciousness* (Routledge, 1957, réédition en 1963).

groupe la distribution des produits du travail. En fait, une portion déterminée de ce produit est nécessairement répartie entre tous, car une certaine coopération, nous l'avons dit, est nécessaire, et elle suppose que chacun reçoive l'indispensable. Mais il reste un surplus de ces produits pour lequel une compétition est possible. Et c'est à propos de ce surplus qu'intervient la stratification. Car la répartition du surplus (en biens et en services) se fait principalement en raison du pouvoir, mais aussi, quoique dans une faible mesure, par l'effet de l'altruisme. Ainsi, le pouvoir (c'est-à-dire la possibilité de diriger selon son gré le rapport social), associé à une faible dose d'altruisme, détermine le privilège, c'est-à-dire la possibilité de bénéficier d'une partie de ce surplus. D'autre part, le pouvoir se combine avec le privilège pour déterminer le prestige. Enfin, il y a interaction entre ces différents termes car, en retour, plus une personne a de prestige, plus cela lui donne de pouvoir. Finalement, on voit que le pouvoir est la clef du système de la distribution du surplus. Il résulte de toute cette analyse que l'étude de la stratification, ou plutôt de sa genèse dans une société donnée, doit être conduite à partir du système des pouvoirs d'une part et, de l'autre, à partir du degré de production, c'est-à-dire du degré de développement technologique. En effet, dans les sociétés primitives, où la production est faible, la répartition se fait presque entièrement selon les besoins, car il n'y a guère de surplus. Quand la production augmente, le problème de la répartition des surplus devient important, et alors c'est le pouvoir, avec ses effets sur le privilège et le prestige, qui devient l'élément essentiel de la stratification. Cela ne signifie d'ailleurs pas que toutes les sociétés ayant un niveau de développement technologique semblable ont le même type de stratification car d'autres variables, les différents types de marché par exemple, entrent en ligne de compte. Quant à l'influence de l'environnement physique, elle est évidemment d'autant plus faible qu'il s'agit de sociétés plus avancées technologiquement.

Il faut donc procéder pour chaque cas à une analyse minutieuse des différents facteurs en jeu. De tous ceux-ci, le plus important dans nos sociétés développées où les besoins sont aisément satisfaits, et où la répartition du surplus est primordiale, c'est évidemment le pouvoir. L'origine la plus lointaine du pouvoir réside sans doute dans la force physique. Mais ceux qui prennent le pouvoir par la force trouvent avantageux de le légitimer par la règle. Ainsi, la force se transforme en autorité, la puissance en droit. Cette transformation peut se faire par le pouvoir coercitif, et aussi par l'action sur l'opinion publique, par la propagande qui fait accepter le système établi du pouvoir. Puis, comme l'a vu Pareto, ceux qui ont conquis le pouvoir par la force sont remplacés, une fois que le droit a consacré la puissance, par une élite d'un nouveau type. La domination passe des lions aux renards.

Ainsi, le pouvoir reste le fondement essentiel du privilège (qui permet d'être bien placé dans la répartition du surplus), mais les formes du pouvoir peuvent changer.

Selon Lenski, l'histoire montrerait que les formes du pouvoir passent par différents cycles dans lesquels alternent des périodes de pouvoir fondé sur la force et d'autres où il est fondé sur le droit. Chaque cycle débute par la prise de pouvoir d'une nouvelle élite et comporte une phase initiale de violence. Puis, dans la phase suivante, l'autorité légitime se substitue à ce règne de la force.

Les différents cycles peuvent être plus ou moins longs. D'autre part, la phase violente, par exemple, peut être plus longue que la phase de légitimation, ou bien l'inverse. On peut affirmer que le gouvernement constitutionnel est hautement développé quand on a affaire à un cycle long, quand le niveau de productivité est élevé et le développement économique rapide.

D'autre part la différence entre les divers cycles de pouvoir peut tenir à la nature de l'élite qui abat l'ancien système et qui domine pendant la première phase du cycle. Parfois, cette prise de pouvoir peut avoir des motifs de simple appropriation, et il s'agit alors d'une élite « matérialiste ». Ce fut le cas, par exemple, du régime Trujillo dans la République dominicaine. Parfois, les nouvelles élites ont des motifs moins terre à terre et cherchent surtout à établir un autre ordre social. Il s'agit alors d'élites « idéologiques », comme ce fut le cas en Russie, en Yougoslavie, en Chine. Plus souvent, il y a un mélange des motifs matérialistes et idéologiques, par exemple dans la révolution américaine. Quand une élite matérialiste succède à une autre élite matérialiste, il y a peu de changements dans le système de stratification, si ce n'est qu'une équipe dominante en remplace une autre. Quand c'est une élite idéologique qui accède au pouvoir, le système de stratification lui-même peut être modifié.

Les révolutions sont souvent le fait de minorités, mais, une fois au pouvoir, il leur faut, pour maintenir leurs privilèges, s'appuyer sur d'autres couches sociales qu'elles se concilient en utilisant une partie du surplus dont elles disposent. Ainsi se crée une classe moyenne de techniciens et de spécialistes travaillant au service de l'élite.

Mais il ne faut pas, dans ce processus de changement, considérer seulement le rôle des élites et des couches moyennes qui les soutiennent. En effet, en sociologie comme en physique, toute action produit une réaction. Ainsi, l'exercice du pouvoir par une élite et ses privilèges suscitent des tensions, des luttes de la part des autres strates de la société. La théorie de la stratification doit donc prévoir la nature, la fréquence et les conséquences de ces chocs en retour. Parmi ces réactions, il y en a une que l'élite dominante peut encourager, c'est celle qui consiste dans la compétition entre les autres strates pour obtenir des positions dans la classe moyenne. Les membres de l'élite ont souvent intérêt à encourager cette compétition.

Un autre type de réaction, qui est par contre moins favorable à l'élite dominante, consiste dans les efforts des membres de la classe moyenne pour obtenir eux-mêmes un certain contrôle sur les pouvoirs et privilèges que l'élite prétend se réserver pour elle-même.

Une réaction plus dangereuse encore pour l'élite est celle qui se manifeste dans des crimes et violences contre les membres de l'élite ou leurs agents.

Enfin, Lenski signale encore l'importance, dans l'histoire, des luttes entre les élites politiques et les élites religieuses.

Ainsi, la stratification sociale doit toujours être étudiée à la fois par rapport au système fonctionnel et par rapport au dynamisme qui entraîne des modifications.

La théorie de Lenski, on le voit, est l'une des plus complètes. Elle permet de faire intervenir à la fois le principe d'explication — qui cherche les raisons de la stratification dans le fonctionnement des sociétés, dans la réalisation de certains objectifs ou l'accomplissement de certaines valeurs, dans la nécessité de distribuer les statuts et les biens et de créer des motivations pour que ces statuts soient pourvus — et elle permet aussi de prendre en considération les tensions, les déséquilibres, les luttes pour la domination. En somme, tout est déterminé à la fois par l'intérêt général, qui est de distribuer les biens et les services de manière à faire fonctionner l'ensemble, et par le fait que certaines catégories de citoyens tendent à user de leur pouvoir pour se substituer à l'intérêt général et distribuer le surplus à leur profit.

Mais on remarquera que cette théorie, tout comme les précédentes, n'est pas assez explicite en ce qui concerne les objets mêmes de la répartition. En effet, les stratifications sociales peuvent se faire selon divers types de privilèges. Il y a des hiérarchies qui concernent la richesse, d'autres le pouvoir politique, d'autres le prestige. Certes, comme le montre Lenski, tout cela se mêle bien souvent, et le pouvoir entraîne l'accès aux biens économiques comme à l'autorité morale. Mais il n'en est pas toujours ainsi de façon parfaite. Par exemple, le bourgeois gentilhomme de Molière est un homme qui, dans le domaine économique, appartient à une strate élevée, puisque c'est un très riche bourgeois. Mais, en même temps, il se sent, dans un autre domaine, inférieur à un noble sans fortune, et il envie sa position sociale. La théorie générale doit donc être complétée par une étude des divers types de stratification.

3. Les types de stratification

Nous ne pouvons ici que rappeler les analyses les plus connues, car il est bien difficile de dire que l'une est plus exacte que les autres. En fait, nous venons de le dire, les diverses stratifications se commandent partiellement les unes les autres sans se recouvrir exactement. Dans chaque contexte social particulier, il sera possible de faire prévaloir tel ou tel type d'analyse. Quant au nombre des types distingués, il est extrêmement variable. Par exemple, un Français de notre époque peut se ranger lui-même dans telle ou telle strate de la hiérarchie, selon qu'il songe plutôt à sa profession, à ses revenus, à ses propriétés, à ses relations, aux appuis politiques dont il dispose, à ses décorations, à ses diplômes, à sa culture, à sa réputation, à l'importance de sa maison, de sa voiture, à son élégance. Si l'on ne veut pas se perdre dans des nuances infinies et multiplier les axes de référence, il faut tenter de réduire les stratifications à quelques types bien définis.

I. LA TYPOLOGIE WÉBÉRIENNE

C'est à Max Weber que, de ce point de vue, on doit la classification la plus claire, celle aussi qui peut être considérée comme classique.

Le projet de Max Weber était de corriger sur ce point la théorie marxiste qui lui paraissait utile dans un certain domaine, mais étroite, voire simpliste parce qu'elle ne tenait compte que d'un aspect de la réalité sociale. En effet, nous l'avons vu, Karl Marx fondait sa stratification, ou plus exactement son dynamisme des classes, sur les rapports dans le système de production et, sans méconnaître du tout l'importance des divers facteurs de distinction sociale, il tendait à en faire des aspects secondaires de la situation économique, celle-ci constituant l'infrastructure du système social. En outre, Max Weber a voulu réagir contre la tendance du marxisme à considérer comme inutiles les classes sociales dont la prééminence se fonde sur le pouvoir, sur les services politiques, militaires et civils, et à en conclure que le rôle de l'État fondé sur cette prééminence était voué à la disparition.

Dans une étude célèbre [1], Max Weber a voulu poser les principes d'une étude multidimensionnelle, ou plus précisément tridimensionnelle de la stratification sociale. Il retient de l'analyse marxiste que les classes sociales sont fondées sur des distinctions économiques; mais, pour lui, les classes ne correspondent qu'à un type de stratification. Or il y en a essentiellement trois qui sont : la classe (fondée sur les distinctions économiques), le statut (fondé sur le prestige)

1. Max Weber, « Class, status and party » dans le volume *Essays in Sociology*, traduit en anglais par Gerth et Wright Mills, (Oxford University Press, 1946), et *The Theory of Social and Economic Organization*, traduit par Parsons (Free Press, 1947).

et le parti (fondé sur le pouvoir politique). Il y a, en effet, trois systèmes ou trois ordres dans toute société : l'ordre économique, l'ordre social et l'ordre politique ou légal. Chacun de ces ordres a sa hiérarchie propre, bien qu'il y ait évidemment des rapports entre les trois hiérarchies. Par exemple, la situation d'un individu dans une classe économique élevée favorise sa place dans une strate de grand prestige ou son accès à un pouvoir politique important, et vice versa; mais il n'y a pas dans ces corrélations un automatisme parfait : un ouvrier peut avoir du prestige pour telle ou telle raison, ou obtenir une situation politique. En tout cas, même s'il y a interférence entre les trois stratifications, il n'en reste pas moins vrai qu'il faut pour les comprendre admettre que chaque ordre a sa propre distribution des pouvoirs. En particulier, la classe sociale (ouvriers, bourgeois, etc.), telle que Marx l'a étudiée, correspond uniquement à la hiérarchie économique. Max Weber, lui, définit le statut de classe par la propriété économique, les conditions extérieures de vie et un état subjectif de satisfaction ou de frustration. Une classe n'est alors qu'un « groupe de personnes occupant le même statut de classe », ce qui correspond à une définition nominaliste de la classe sociale. Par ailleurs, Max Weber distingue deux catégories de classes économiques : d'une part les classes possédantes (qui détiennent les richesses) et d'autre part les classes d'acquisition, qui ont le monopole de certains services parce qu'elles ont des aptitudes économiques définies, comme c'est le cas par exemple pour les marchands, les financiers, les banquiers, les entrepreneurs, les membres des professions libérales, etc. Ce sont les classes d'acquisition qui ont le plus de chances d'accès au pouvoir. Entre les classes possédantes et les classes d'acquisition se situent les classes moyennes. Le fait d'avoir le même statut de classe n'entraîne pas une unité d'intérêt, et il peut aussi bien y avoir compétition à l'intérieur d'une classe. Les luttes de classes, pour Max Weber, ne sont explicables que par rapport à la situation économique et aux relations de marché.

Le second type de stratification, selon notre auteur, est celui qui correspond à l'ordre statutaire et est fondé sur le prestige. C'est certainement l'étude de cette hiérarchie qui constitue, pour le problème que nous examinons, l'apport le plus important de Max Weber. Cette hiérarchie est, pour lui, fondée sur « l'honneur social ». Toutes les personnes qui ont un même degré de prestige et vivent selon les mêmes normes peuvent être considérées comme appartenant au même groupe statutaire. Le prestige et l'honneur ne peuvent pas être évalués objectivement comme la richesse économique; ils sont objets de jugements sociaux et se fondent sur le consensus. Un individu n'a jamais que le prestige que la société veut bien lui reconnaître. Ainsi, la hiérarchie statutaire repose sur des appréciations généralement acceptées de prestige social dans une collectivité donnée. Néanmoins, nous l'avons dit, la hiérarchie des classes économiques peut interférer dans les jugements collectifs qui fondent le prestige. « La propriété en tant que telle, écrit Weber, n'est pas toujours regardée comme qualification statutaire, mais à la longue elle le devient, et même avec une extraordinaire régularité. »

Les groupes statutaires peuvent être aisément distingués d'après leurs modes de vie, et il faut entendre par là aussi bien les mœurs, les habitudes sociales, que l'instruction et le prestige de la naissance ou de la profession. Les gens de même échelon dans la stratification statutaire ont tendance à se fréquenter les uns les autres. Il y a entre eux une ouverture sociale.

Dans les sociétés modernes, les groupes statutaires ne reposent généralement pas sur une base légale, comme c'était le cas autrefois où la noblesse, par exemple, était un ordre défini par des règles. Mais, une fois qu'un groupe statutaire a bien consolidé sa situation, il tend à s'assurer un pouvoir économique. Le prestige peut donc se manifester par le comportement économique, et notamment par les dépenses ostentatoires, ainsi que l'a montré par ailleurs un autre auteur, Veblen, et, plus récemment, Vance Packard qui a étudié comment le prestige social est lié à des comportements définis (manière de dépenser, voire de gaspiller, manière de se loger, de parler, de se comporter en société [1]).

Outre les classes sociales et les groupes statutaires, nous avons dit que Max Weber distinguait un troisième type de strate sociale, à savoir celle qui se fonde sur le pouvoir politique. Dans l'ordre politique, dit-il, le pouvoir est incarné par les « partis ». Le pouvoir politique est en général institutionnalisé. Les partis politiques peuvent évidemment représenter des intérêts déterminés par des situations de classe ou par des situations de prestige, mais ils ne coïncident pas totalement avec les classes sociales ou les groupes statutaires.

Reconnaissons tout de suite que, dans l'analyse tridimensionnelle que présente Weber de la stratification sociale, cette troisième catégorie ne correspond pas à la partie la plus convaincante de son étude. En effet, on voit bien qu'il puisse y avoir des hiérarchies entre les classes économiques ou entre les groupes de prestige; mais les individus ne se répartissent pas hiérarchiquement entre les partis politiques. Où est ici la stratification? Dira-t-on qu'un parti est plus élevé qu'un autre dans ce troisième type de stratification parce qu'il est plus proche du pouvoir en exercice? Mais il est aisé de voir que, par exemple dans un régime parlementaire, le chef ou le leader d'un grand parti d'opposition a une place plus éminente que le militant de base du parti au pouvoir. Dès lors, on ne peut absolument

1. Vance Packard, (*The Status Seekers*), *Les Obsédés du standing* (Calmann-Lévy, 1960).

pas mettre sur le même plan, comme le fait Weber dans la typologie des strates sociales, la classe, le groupe statutaire et le parti, parce qu'en réalité la hiérarchie n'est pas tellement entre les partis comme elle peut l'être entre les classes, mais plutôt à l'intérieur même des divers partis.

D'autre part, on peut se demander si Max Weber a eu raison de distinguer uniquement trois types de stratification. Il ne donne d'ailleurs pas la raison exacte de cette limitation. Ces critiques peuvent aussi être adressées à la typologie de Sorokin qui distingue trois types de stratification sociale : l'une économique, l'autre politique et la troisième fondée sur la profession [1]. On est donc amené, tout en retenant le principe d'une approche multidimensionnelle du problème, à reprendre le principe même de la typologie.

II. RELATIVITÉ DES TYPOLOGIES

Parmi les autres études concernant les diverses stratifications sociales, on peut citer celle de Wright Mills, qui s'inspire en partie de Max Weber [2]. Pour Wright Mills, les strates sociales sont formées par les gens qui ont un nombre approximativement égal de chances de bénéficier des choses et expériences généralement considérées comme ayant une certaine valeur. Or, dit-il, quatre facteurs peuvent intervenir dans la formation de ces strates. Ce sont les quatre « dimensions » de stratification qui sont autant de manières de classer les individus selon leurs chances d'obtenir ce qui est socialement valorisé. Ces quatre dimensions sont, selon Wright Mills, la profession, la classe, le statut de

1. Pitirim Sorokin, *Social and Cultural Mobility* (Free Press, 1959), chap. III.
2. C. Wright Mills, « The sociology of stratification », *Power, Politics and People* (Oxford University Press, 1963).

prestige et le pouvoir, celui-ci étant la capacité d'exercer une influence sur les décisions politiques.

Tumin [1], de son côté, a proposé, plus récemment, de définir les strates par rapport à quatre facteurs qui sont, selon lui : le pouvoir (c'est-à-dire la possibilité de maintenir ses propres finalités dans la vie), la propriété (c'est-à-dire les droits sur des biens et des services), l'évaluation (ou degré de prestige social), et la satisfaction d'ordre psychique (ce qui inclut toutes les sources de plaisir et de contentement qui ne peuvent pas être rangées dans les trois autres rubriques).

D'autres auteurs, comme par exemple Barber [2], précisent encore et parfois autrement les dimensions de la stratification sociale, en faisant intervenir, comme facteurs principaux, le pouvoir (capacité de réaliser ses propres buts dans le système social), le prestige professionnel (ce qui, assez justement, établit un rapport entre le prestige et la profession), le revenu ou la richesse, l'éducation et l'instruction, la pureté religieuse (ce qui est déterminant dans le système des castes en Inde), la situation familiale et ethnique, le statut dans la communauté locale. Il est important, selon Barber, d'étudier dans chaque cas particulier la corrélation qui peut exister entre ces diverses hiérarchies.

En définitive, quand on essaye d'examiner les mérites respectifs de ces diverses typologies, on est enclin à penser qu'aucune ne peut être présentée comme définitive, et qu'en réalité il faudrait en établir une pour chacun des types de sociétés.

L'étude de Barber nous met d'ailleurs sur la voie de cette conclusion. Par exemple, il y a des sociétés où c'est effectivement le critère religieux qui est décisif; il en est

1. Melvin M. Tumin, *Social Stratification* (Prentice Hall, 1967).
2. Bernard Barber, *Social Stratification* (Harcourt, 1957).

d'autres où ce même facteur paraît ne jouer aucun rôle important dans la classification.

On est ainsi amené à ne retenir des typologies théoriques que des indications méthodologiques et à préférer les études empiriques menées dans des contextes sociaux bien déterminés.

III. RECHERCHES EMPIRIQUES SUR LES SYSTÈMES DE HIÉRARCHIES

Dans tous les cas, on observe que la stratification dans une société donnée est complexe et qu'elle se présente comme un système de hiérarchies multiples. Si l'on veut savoir dans quelle strate se range un individu, il faut donc se demander d'abord quelles sont les hiérarchies en cause. Doit-on le classer d'après sa fortune, sa profession, son niveau de culture? En fait, son statut se définit à partir de ces différentes évaluations. Il faut donc déterminer quelles sont les hiérarchies les plus importantes dans la société où il se trouve. D'autre part, il peut y avoir plus ou moins de concordance (*status consistency*) entre les diverses places du même individu dans les hiérarchies. Cette concordance est faible s'il a un statut économique élevé et une profession ayant un faible prestige, s'il s'agit par exemple de notre chiffonnier milliardaire.

Plusieurs sociologues, Broom [1] notamment, ont proposé des échelles mathématiques pour mesurer ce degré de concordance dans le statut des individus.

Il n'est pas toujours facile d'évaluer la place d'un individu dans une hiérarchie donnée. Par exemple, on a pu constater, au cours de certaines enquêtes, que des ouvriers se considéraient comme appartenant à la classe moyenne.

1. Leonard Broom, « Social differentiation and stratification », *Sociology Today*, édité par K. Merton (Basic Books, 1959).

Et effectivement certaines hiérarchies sont objectives et d'autres subjectives. Ainsi, on peut en général évaluer objectivement quelle est la place d'un individu dans la stratification économique si l'on connaît son revenu. Mais comment déterminer son degré de prestige? Et même si l'on connaît sa profession, sur quelle base fixera-t-on le prestige de cette profession? Il faut donc d'abord faire le départ entre le jugement que l'individu porte sur son propre statut et celui que portent les autres. Il faut faire une distinction entre le statut d'appartenance, c'est-à-dire celui auquel appartient réellement l'individu et son statut de référence, c'est-à-dire le groupe auquel il se réfère lui-même à tort ou à raison pour apprécier son statut.

Les études empiriques entreprises sur la stratification sociale ont été souvent centrées sur la hiérarchie du prestige, ce terme étant alors pris dans un sens très large. En somme, on peut considérer que le système des diverses hiérarchies aboutit lui-même à une échelle de prestige, car ce système revient à la classification du degré de prestige que l'on accorde respectivement à la fortune, à la profession, à la culture, etc. Dans telle société, il importe avant tout d'être riche : l'argent a plus de prestige que l'instruction par exemple. Ce qu'on mesure alors, c'est le consensus social à l'égard des hiérarchies possibles.

Assez souvent aussi, on a estimé que le plus simple était de classer les professions sur une échelle de prestige. C'est cette méthode qu'ont adoptée par exemple North et Hall. Ces auteurs ont établi une liste des professions et demandé à un échantillon représentatif de la population étudiée de classer chacune d'elles en lui donnant une note de 1 à 5. En faisant la moyenne obtenue pour chaque profession, on arrive à classer les professions selon une échelle de prestige. Ainsi, on a pu établir qu'aux États-Unis la profession la plus prestigieuse était celle de juge de la Cour suprême. Puis venaient les médecins et les gouverneurs d'État. On a pu noter aussi que les appréciations différaient selon les États, qu'elles n'étaient pas les mêmes dans les villes et à la campagne.

Mais North et Hall ont aussi établi que ces classifications n'étaient pas toujours comparables, parce qu'on ne juge pas toutes les professions selon les mêmes critères. On peut, par exemple, donner une forte note à la profession du médecin à cause de son savoir, et une note élevée à un ministre parce qu'il a un pouvoir politique. North et Hall ont ainsi déterminé des « situs » différents de prestige à l'intérieur desquels les professions sont comparables. Par exemple, il y a un situs politique, dans lequel les fonctions nationales ont l'indice le plus élevé et les fonctions locales l'indice le plus bas. Il y a un situs des cadres intellectuels où les professions indépendantes et celles qui se rattachent aux sciences pures sont en haut de l'échelle, tandis que les professions relatives aux sciences appliquées se situent plus bas. Dans le situs des affaires, tout dépend de l'importance des entreprises considérées.

L'étude de Warner [1] sur la stratification selon le prestige est devenue un classique. Warner, tout comme l'avaient fait d'autres auteurs tels que Kaufman, a pris pour base de classification les évaluations de personnes ou « juges » formant un échantillon représentatif de la collectivité dans laquelle se déroulait l'enquête. Les « juges de prestige » classaient les individus selon le prestige qu'ils leur attribuaient. Warner a ainsi pu voir sur quels critères plus ou moins subjectifs se fondent les individus pour sélectionner les gens qu'ils fréquentent et qu'ils considèrent comme appartenant à la même classe qu'eux. La position de l'individu dans la stratification de prestige global est déterminée à la fois par le revenu, la profession, l'instruction, l'ancienneté de résidence dans la ville, etc. Il est alors

1. W. Lloyd Warner, Meekler, EDS. *Social Class in America* (1949).

apparu à Warner que, dans la communauté qu'il étudiait, la population se répartissait d'elle-même dans son ensemble entre trois niveaux sociaux : supérieur, moyen et inférieur. Chacun de ces niveaux se subdivisait lui-même en deux degrés, supérieur et inférieur, de sorte que la société considérée se composait de six classes ou strates hiérarchisées : classe supérieure-supérieure puis supérieure-inférieure, moyenne-supérieure puis moyenne-inférieure et enfin inférieure-supérieure et inférieure-inférieure.

Toutes ces recherches empiriques peuvent évidemment être critiquées à cause de leurs méthodes et de leurs hypothèses implicites. En effet, elles accordent peut-être trop de crédit au jugement des personnes interrogées, et elles semblent exclure l'existence d'une conscience de classe, conçue à la manière marxiste, qui ne saurait se réduire à ces échelles de prestige. Mais elles ont le grand avantage de se relier à des contextes précis, de montrer que chaque type de société et même de communauté a sa manière propre d'évaluer la position des individus sur l'échelle sociale. Il est certain que la théorie de la stratification est indispensable, si l'on veut comprendre la signification et les grands principes de la hiérarchisation, mais l'application des principes ne saurait être faite sans qu'on tienne compte des divers contextes, de sorte que la vérification par les enquêtes est toujours indispensable.

Il faut, en tout cas, tenir compte de la multiplicité des hiérarchies. Et d'ailleurs, il faudrait ajouter que celles-ci, pour avoir des effets sociaux, peuvent ne pas être toujours d'origine sociale. Nous avons déjà eu l'occasion de signaler les stratifications ethniques selon lesquelles, dans certaines sociétés, les gens sont classés d'après leur race, leur couleur, etc. Il faudrait signaler aussi les différences entre les sexes, entre les classes d'âge, ou celles qui sont fondées sur la force physique, la beauté. Certes, plus une société est évoluée et moins ces différences de statut biologique sont socialement importantes. Mais il est facile de constater qu'elles sont rarement abolies de façon définitive, en dépit d'un idéal démocratique qui tendrait à les rendre désuètes.

D'ailleurs, on est ainsi conduit à aborder le problème de la mobilité sociale [1] qui n'est pas sans rapport avec celui de la systématisation des stratifications. En effet, lorsque la stratification culturelle, la stratification économique, la stratification ethnique sont étroitement liées les unes aux autres, c'est-à-dire lorsque par exemple l'instruction n'est ouverte qu'aux riches, il y a là un obstacle fondamental à la mobilité ascendante. En ce sens, les nombreuses études empiriques entreprises sur la mobilité viennent compléter et éclairer les recherches encore assez modestes sur la stratification sociale proprement dite. En tenant compte de ces diverses données, et en y ajoutant celles que nous fournit l'histoire des sociétés, on peut essayer de voir à grands traits comment les stratifications sociales ont évolué au cours des âges et selon les civilisations. Car la stratification, du fait qu'elle est liée, nous l'avons vu, aux valeurs sociales fondamentales, du fait aussi qu'elle se rattache à la structure et au fonctionnement des groupes ainsi qu'à leur dynamisme, et à leur évolution, ne saurait manquer de suivre dans ses transformations la genèse et le devenir des civilisations.

4. Les stratifications dans les divers contextes sociaux

Puisque toutes les sociétés actuellement connues depuis la plus haute Antiquité sont stratifiées d'une manière ou d'une autre, il est évident que l'on pourrait identifier une

1. Voir le chapitre 10.

variété de stratifications presque infinie. Mais il n'est pas impossible de classer en quelques groupes plus ou moins clairement distincts ces divers systèmes, en distinguant notamment les stratifications archaïques, les castes, les états, et les classes sociales.

I. LES SOCIÉTÉS ARCHAÏQUES

Il est difficile de remonter jusqu'aux origines des stratifications sociales, pour la bonne raison que nous ne savons rien de l'organisation des sociétés préhistoriques. Mais nous pouvons trouver des systèmes très différents des nôtres et peut-être comparables à ce que pouvaient être ceux de l'âge néolithique, voire même paléolithique, en observant les tribus archaïques actuelles, c'est-à-dire les peuples qu'on appelait autrefois les primitifs et qui sont l'objet des investigations ethnographiques. Il faudrait, bien sûr, se garder d'affirmer que nous avons là une réplique des premières sociétés humaines; mais on peut, à condition d'être prudent dans les hypothèses et les analogies, en tirer des indications utiles sur l'évolution de la stratification sociale. Et même, on peut essayer de voir si l'on ne peut pas déceler dans les sociétés animales des rudiments ou des types particuliers de stratification, ce qui, tout comme la référence à l'ethnographie, permettrait d'élargir le problème au-delà des systèmes sociaux dans lesquels nous vivons, et que nous risquerions, autrement, de considérer comme des données toutes faites ou comme les seules hiérarchies sociales concevables.

Comme le constate Sorokin, la stratification existe même dans le monde botanique et zoologique. Chez les plantes qui vivent en groupes, il y a des « classes », et l'on observe des phénomènes de parasitisme, d'exploitation, de domination, des niveaux de vie différents. Chez les insectes, par exemple les abeilles, les fourmis, les termites, il existe une différenciation biologique entre diverses catégories de membres d'une même colonie : ouvriers, combattants, reproducteurs. Ainsi, chez les termites, la « reine » est servie par toute la termitière. On a pu comparer cette hiérarchisation à celle des castes ; mais il faut noter que la différenciation se marque dans les colonies d'invertébrés par des caractéristiques morphologiques, notamment dans l'appareil sexuel, et surtout que la reine, les ouvriers et les soldats sont issus des œufs pondus par une même reine. Parmi les vertébrés, on observe aussi des hiérarchies. Par exemple, dans les bandes de singes, certains mâles jouent le rôle de chefs. Chez les oiseaux, on peut déceler des ordres de préséance, notamment en ce qui concerne le « coup de bec ». De toutes ces considérations, on a pu conclure que la stratification sociale a un fondement naturel, biologique. Mais cela ne signifie pas qu'elle ne soit pas chez les humains essentiellement un phénomène de culture.

Dans les tribus que les ethnographes considèrent comme particulièrement archaïques, notamment celles d'Australie, le système totémique ne fait pas apparaître une organisation politiquement très hiérarchisée, si ce n'est que les anciens ont une autorité prépondérante. On a pu parler à ce propos de gérontocratie. D'autre part, dans les groupes locaux, un maître des cérémonies, l'*alatunja,* tire un grand prestige de son rôle éminent dans l'organisation des cérémonies rituelles.

En ce qui concerne la stratification économique, la thèse autrefois assez répandue du « communisme primitif » ne semble pas confirmée entièrement par les observations des ethnographes.

Parfois, certains groupes (clans, familles, associations) possèdent collectivement les terres. Mais que la propriété soit collective ou individuelle, cela ne supprime pas les différences au sein de la tribu. Ailleurs, le collectivisme est limité à certaines catégories de biens de consommation. Et la propriété est en général l'objet d'une protection rituelle. Assez souvent, comme c'était le cas chez les Algonquins, le territoire appartenant à une tribu est partagé en districts possédés par les familles, et interdit aux autres tribus sous peine de mort. Quant aux objets mobiliers, ils sont, en règle générale, régis par le système de la propriété individuelle. En outre, les familles ou les individus possèdent en propre des privilèges rituels, par exemple des prières, des charmes magiques, des préséances dans les cérémonies.

Cependant, il est exact que le pouvoir, dans les sociétés totémiques australiennes, n'est pas nettement individualisé. Comment a-t-il pu le devenir? Certains anthropologues, comme Frazer, trouvent dans la magie la source de la concentration des pouvoirs. D'autres insistent plutôt sur l'évolution dont témoignent certaines sociétés totémiques plus complexes, comme celles des Indiens d'Amérique du Nord. Ainsi, Georges Davy [1], sans nier que les premiers rois aient pu parfois être des magiciens, estime que d'autres facteurs ont été déterminants dans le passage du pouvoir diffus à la centralisation. Il y a eu d'une part une évolution des croyances qui a fait des âmes des ancêtres une figuration personnelle du principe totémique (*mana*). D'autre part, le clan, qui était d'abord une unité mystique, est devenu une entité locale, territoriale. En troisième lieu, il s'est constitué des confréries qui se sont dotées d'organisations hiérarchiques. Enfin, tous ces éléments ont été renforcés par la ritualisation des rivalités et compétitions entre clans ou chefs de clans. Le *potlatch* est l'exemple le plus caractéristique de ces luttes pour le pouvoir à la fois politique et économique. Bref, au système de complémentarité et à la gérontocratie des premières sociétés, on peut

1. G. Davy et Moret, *Des clans aux empires* (La Renaissance du livre, 1923).

penser qu'a succédé peu à peu une stratification plus liée aux luttes de prestige et de pouvoir entre les individus. Le vainqueur du *potlatch* est celui qui a pu dépenser plus que les autres, et il en retire une influence considérable, manifestée par la possession de blasons totémiques, qui font de lui l'incarnation du pouvoir autrefois diffus dans la tribu. Ainsi, apparaissent les chefs, les rois, autour desquels s'établit une hiérarchie de nobles, comme on le voit dans les sociétés polynésiennes.

II. LES CASTES

Parmi les sociétés traditionnelles, il en est certaines dans lesquelles l'organisation hiérarchique est poussée au paroxysme, et qui constituent, pour l'observateur sociologue, une sorte de modèle, de type idéal de la stratification. L'exemple le plus connu est celui des castes dans l'Inde. Mais les structures hiérarchisées de certaines sociétés archaïques, par exemple celles de la Polynésie, peuvent se rattacher, quoique de façon moins nette, à ce type de stratification, et en même temps certains auteurs, tels que Mauss, ont pu y trouver des institutions analogues à celle du *potlatch*. Comme le note Louis Dumont [1], le système des castes est celui qui s'oppose le plus à notre idéal démocratique. On l'a vu, c'est un système fondé sur une hiérarchie transmise d'une génération à l'autre; la mobilité verticale y est donc réduite au minimum, le statut étant conféré par la naissance. Les castes sont des groupes héréditaires séparés les uns des autres par des règles prohibant plus ou moins le mariage ou certains contacts. Chaque groupe est en principe voué à un certain type de profession. Enfin, ces groupes sont supérieurs ou inférieurs les uns aux autres.

1. Louis Dumont, *Homo hierarchicus* (Gallimard, 1966).

Le nombre des castes dans l'Inde varie suivant les régions. Chaque caste est divisée en sous-castes endogames fonctionnant elles-mêmes comme des castes. Dans la pratique, la hiérarchie entre les castes est parfois fluctuante. Mais ce qui est essentiel, selon L. Dumont, c'est que cette hiérarchie est fondée sur l'opposition, d'origine religieuse, entre le pur et l'impur. Cela détermine les termes opposés de la hiérarchie. Au sommet est la caste la plus pure, celle des brahmanes (prêtres), qui manifestent leur pureté en s'imposant un régime alimentaire végétarien et en ne tolérant pas le remariage des veuves. A l'opposé, la caste la plus impure est celle des Intouchables. Ces derniers ne pouvaient pas utiliser les mêmes puits que les gens des autres castes, et n'avaient pas le droit, jusqu'à la réforme de Gandhi, de pénétrer dans les temples. Entre ces deux extrêmes se situent d'autres castes. Par exemple, dans le village de Ramkheri, A. Mayer a dénombré 27 castes endogames [1], dont le statut est bien défini dans le domaine rituel, notamment en ce qui concerne la règle qui interdit aux membres d'une caste de manger une nourriture provenant d'une caste de rang inférieur, surtout en ce qui concerne certains aliments appelés *kacca*.

La plupart des castes sont définies par des professions, dont la hiérarchie est en rapport avec la pureté. Par exemple, on trouve au bas de l'échelle les professions qui ont un rapport avec les choses mortes ou salissantes ou avec les déchets. C'est pourquoi les tanneurs et les balayeurs appartiennent aux castes d'Intouchables (*haridjians*).

Dans les sous-castes, l'endogamie n'est pas toujours aussi rigoureuse que dans les castes ; et il en est de même pour la plupart des autres interdits de séparation.

1. Adrian C. Mayer, *Caste and Kinship in Central India* (Routledge, 1960).

III. LES ORDRES

Dans la plupart des pays européens et notamment en France sous l'Ancien Régime, le système de stratification issu du Moyen Age était, comme celui des castes, fondé sur l'hérédité, mais d'une manière beaucoup plus souple. C'est ainsi que la société française, à la veille de la Révolution de 1789, était officiellement organisée en trois ordres : la noblesse, le clergé et le tiers état. Ces ordres (ou « états ») sont, comme l'a vu Max Weber, des groupes statutaires dont le principe de la hiérarchisation est celui de l'honneur et du prestige. Le recrutement en est en principe héréditaire, mais avec de notables exceptions, puisque des roturiers peuvent être anoblis en récompense de certains services ou en raison de leur réussite sociale ou économique, alors qu'inversement des nobles peuvent être déchus de leurs titres, et puisque surtout l'accès aux fonctions cléricales, s'il est ouvert plus largement aux fils de familles nobles, n'est cependant pas fermé théoriquement aux roturiers, de sorte que l'Église constituera longtemps un important canal de mobilité sociale.

Le système des ordres a des origines lointaines, notamment dans l'Antiquité romaine. Consolidé sous l'Empire, puis presque transformé en système de castes sous le Bas-Empire, il finit par être celui de toute la féodalité. Cependant, aux XVIIe et XVIIIe siècles, cette hiérarchie officielle, distributrice de privilèges pour les ordres élevés, se trouva peu à peu en opposition avec une stratification économique de fait. Ainsi, la bourgeoisie enrichie prenait une place qui ne correspondait plus à son rôle subordonné, au-dessous de la noblesse ou tout au moins d'une certaine noblesse qui conservait mal ses sources de prestige. L'une des causes de la Révolution française et des changements de régimes dans de nombreux pays fut la lutte de la bourgeoisie contre le système des ordres héréditaires.

IV. LA STRATIFICATION DANS LES ÉTATS CAPITALISTES

La conséquence de l'abolition des privilèges héréditaires fut l'avènement d'une stratification plus souple dominée par la division en classes sociales [1]. La grande différence entre le système des classes et celui des castes ou des ordres est que le premier est d'une part laïcisé et d'autre part qu'il n'est pas officiellement sanctionné mais constitue un état de fait. Comme le dit Lenski, une classe est un ordre dans la mesure où son existence, ses droits et ses privilèges sont déterminés par la loi.

Dans la stratification des pays capitalistes, plusieurs critères de distinction sont simultanément en jeu (par exemple la richesse, le prestige, le pouvoir) et aucun d'eux ne détermine des coupures bien nettes. Cependant, si théoriquement l'hérédité n'est plus le principe de la répartition entre les strates, il n'en reste pas moins vrai que, dans la pratique, la naissance confère des chances plus ou moins grandes d'obtenir une place élevée dans l'étagement des classes. Ainsi, une personne née dans la classe ouvrière ne peut pas aisément acquérir l'instruction qui ouvre la porte à certaines professions et, inversement, l'héritage confère aux enfants des familles riches une plus grande possibilité de se maintenir ou de s'élever dans les échelons de la classe bourgeoise. Le problème est alors de savoir quel est le degré de mobilité verticale (ascendante ou descendante) dans telle ou telle société [2].

La stratification peut bien sûr présenter des caractères assez différents suivant les contextes nationaux.

Aux États-Unis, comme le note Reissman [3], beaucoup de sociologues ont tendance à nier l'existence de classes

1. Voir le chapitre 9.
2. Voir le chapitre 10.
3. Leonard Reissman, *Class in American Society* (Free Press, 1959).

nettement repérables et, en tout cas, l'existence d'une conscience de classe. Les clivages selon la fortune et le revenu sont plus apparents dans les grands centres urbains, et les différences fondées sur le prestige, la naissance, l'éducation, plus déterminantes dans les petites communautés. Williams a insisté sur le fait que les strates possédant la richesse et le pouvoir depuis longtemps tendent à minimiser la base économique de la hiérarchie au profit des autres critères (religieux, ethniques, culturels) pour réagir contre les « nouveaux riches [1] ». Quand on demande aux Américains de se ranger eux-mêmes entre différentes classes, comme cela fut fait dans une enquête de Richard Centers, on obtient les résultats suivants : classe supérieure 3 %, classe moyenne 43 %, classe ouvrière (*working class*) 53 %, classe inférieure 1 %, non classés 2 %.

On peut, dans la société des États-Unis, repérer assez bien la classe dirigeante qui, selon Wright Mills [2], se présente comme une élite à la fois dans les domaines de la vie économique, politique et militaire et qui est en même temps fermée et stable. A côté d'elle, la catégorie des vedettes tend à obtenir à la fois la célébrité et l'argent, mais non pas le pouvoir. La classe moyenne américaine est très large et mal définie. Wright Mills établit une distinction entre l'ancienne classe moyenne (20 % de la population en 1940) formée surtout de petits entrepreneurs et petits propriétaires et d'autre part une nouvelle classe moyenne (25 % de la population en 1960) constituée par les « cols blancs [3] », c'est-à-dire les employés de bureau, les salariés non manuels, qui se considèrent comme supérieurs aux ouvriers (55 % de la population en 1960) mais qui sont en réalité plus aliénés encore, n'étant pas mieux rémunérés mais étant

1. Robin M. Williams, *American Society* (Knopf, 1965), chap. v.
2. C. Wright Mills, *The Power Elite* (Oxford University Press, 1956).
3. C. Wright Mills, *Les Cols blancs* (Maspero, 1966). (*White Collar. The American Middle Classes*, Oxford University Press, 1951.)

plus dépendants de la classe dirigeante. Cette nouvelle classe moyenne n'est ni prolétarienne ni bourgeoise.

Dans la plupart des pays européens de régime capitaliste, les stratifications sociales paraissent plus accusées qu'aux États-Unis mais semblent tendre vers une structure analogue. On y peut, en gros, distinguer des classes ou strates dirigeantes, moyennes, ouvrières, et rurales. Dans les classes dirigeantes, il faut faire une place particulière à l'ancienne aristocratie, qui conserve le prestige de la noblesse, et à la grande bourgeoisie caractérisée par ses aspirations traditionnelles au prestige qu'elle s'efforce de consolider pour donner plus d'être à une prééminence fondée sur l'avoir et la réussite économique. On peut aussi se poser la question de savoir s'il ne faut pas parler, au sein de l'élite dirigeante, d'une nouvelle classe technocratique. Dans de nombreux pays, on a pu signaler que la classe dominante cherche à ne point paraître sur le devant de la scène, à n'exercer le pouvoir que par des intermédiaires et à ne plus assumer le rôle de modèle pour la société globale. Dans les classes moyennes, les transformations sont rapides. Cette strate s'élargit, semble devoir attirer à elle une partie des classes voisines tout au moins par ses modes de vie. C'est là que se manifeste le plus clairement la « culture de masse » en même temps qu'une structuration fondée principalement sur les catégories socio-professionnelles. La classe moyenne ne possède pas l'essentiel du pouvoir économique et politique, mais se distingue de la classe prolétarienne par le fait qu'elle ne partage pas la condition ouvrière. Dans la classe ouvrière actuelle, beaucoup de sociologues (marxistes ou non) croient pouvoir déceler un affaiblissement peut-être transitoire de la conscience de classe en même temps qu'une plus grande aliénation due à l'automatisation. D'autres sociologues, comme Serge Mallet, voient se développer une nouvelle classe ouvrière qui ressent à nouveau le sentiment d'être créatrice de richesse. Les classes rurales sont en pleine transformation. Pierre George note, dans ce secteur, la disparition de la classe dominée par l'affaiblissement de la classe rurale moyenne et du fait que l'agriculture rentable tend à réduire la main-d'œuvre humaine. D'autre part, la pénétration des modes de vie urbains dans la campagne et l'extension des réseaux commerciaux créent dans le monde rural un sentiment de frustration. Enfin, il existe dans les sociétés modernes un important sous-prolétariat, souvent d'origine étrangère. Quant aux intellectuels et aux artistes, leur place dans la stratification sociale, selon les critères mis en avant, est difficile à définir. C'est une classe fluctuante, comme l'a noté Mannkeim. D'une manière générale, la stratification a une importance primordiale dans les pays capitalistes hautement industrialisés, car le principe de l'efficacité y détermine un système compétitif, où chacun s'efforce de gravir les degrés de la pyramide sociale [1].

V. LA STRATIFICATION DANS LES PAYS SOCIALISTES

En Pologne, par exemple, le sociologue Szczepanski distingue deux systèmes superposés : d'une part les classes traditionnelles, vestiges du capitalisme, et d'autre part les nouvelles stratifications [2] résultant des structures actuelles. En ce qui concerne les classes traditionnelles, celle des propriétaires fonciers a disparu, et celle de la petite bourgeoisie a été fortement désagrégée par la guerre de sorte que c'est la classe paysanne (52% de la population) qui reste la plus importante. Quant aux nouvelles stratifica-

1. Cf. Vance Packard (*The Pyramid Climbers*), *A l'assaut de la pyramide sociale* (Calmann-Lévy, 1964).

2. Pour quelques-unes des études citées dans ce chapitre, voir les *Cahiers internationaux de sociologie*, volumes 38 et 39 (année 1965).

tions, nées de la planification, de la réforme agraire et de l'industrialisation, elles comprennent l'intelligentsia, la petite bourgeoisie qui tend à s'homogénéiser, la strate ouvrière. L'économie planifiée crée de nouvelles hiérarchies : direction et cadres moyens, experts, travailleurs qualifiés. Le milieu rural comporte une assez grande variété de conditions : paysans des terres nationalisées et des coopératives, paysans ouvriers, paysans fonctionnaires, paysans individuels, paysans possédant de petites entreprises artisanales.

En Yougoslavie, le sociologue Mandic fait des constatations analogues : aux vestiges des anciennes classes sociales se mêlent les strates nées de l'organisation socialiste.

VI. LA STRATIFICATION DANS LES PAYS DU TIERS MONDE

Dans les pays en voie de développement et par conséquent peu industrialisés, la colonisation avait mis en place des structures génératrices de classes sociales, tout en freinant la formation d'une bourgeoisie conquérante. Depuis que ces pays sont indépendants, les nouvelles structures ont ébranlé les anciennes hiérarchies et ont en même temps, parfois, fait resurgir de vieux antagonismes. La compétition pour le pouvoir dans les nouveaux États africains, selon les observations de Georges Balandier, exprime moins un conflit de classes qu'une lutte pour la domination au sein d'une classe dirigeante qui tend assez souvent à s'embourgeoiser. La mobilité sociale est plutôt désordonnée; les stratifications en milieu urbain sont plus souvent génératrices de modes de vie différents que de conscience de classe.

En Iran, le sociologue Naraghi explique la complexité des stratifications par le fait qu'on a voulu appliquer un cadre libéral et bourgeois à une société qui ne comportait pas déjà une bourgeoisie dynamique et bien constituée.

Conclusion

On peut affirmer que, depuis les origines jusqu'à nos jours, aucune société humaine n'est exempte de stratification. Il n'est guère possible de nier que la stratification sociale a une fonction aussi longtemps qu'il y a, par la force des choses, une répartition inégale des avantages qui peuvent être recherchés. Et, en même temps, aucune stratification n'est pleinement acceptée ni totalement adaptée à sa fonction, de sorte que la hiérarchie des statuts crée des tensions et un processus évolutif. De nombreux critères de stratification (richesse, revenu, prestige, culture, éducation, profession, pouvoir) sont en compétition et produisent des situations diverses non seulement suivant les sociétés, mais, au sein de chacune d'elles, selon les milieux. Une maîtresse de maison qui reçoit à dîner des personnes ayant des titres différents et qui doit faire son « plan de table » se pose exactement le problème des stratifications multiples quand elle se demande si elle placera à sa droite le personnage le plus décoré, le plus riche, le plus influent ou le plus connu, etc.

En général, chaque strate établie tend à consolider sa position, à se donner des titres dans le domaine où elle n'en avait pas à l'origine. On peut se poser la question de savoir si le courant de la mobilité sociale sera dans l'ensemble plus fort que la tendance à la stabilisation et d'autre part si les nouveaux moyens de communication ne tendront pas à abolir certains signes de la hiérarchisation, notamment en ce qui concerne les modes de vie.

Les réformateurs sociaux ont toujours été préoccupés par le problème de la stratification et la société idéale est présentée tantôt comme une collectivité sans hiérarchie (ce qui, tout au moins, suppose une grande abondance de biens à distribuer), tantôt comme une organisation dans laquelle les statuts sociaux ne dépendent que des mérites personnels. En attendant que puisse être appliquée la formule « à chacun selon ses besoins » ou la règle « à chacun selon ses mérites », les sociétés, tout en se donnant des idéaux démocratiques, connaissent des stratifications complexes et parfois incohérentes, mais non point inexplicables pour le sociologue.

Bibliographie

Althusser, *Lire le Capital*, Maspero, 1966, 2 vol.
— *Pour Marx*, Maspero, 1966.

Barber B., *Social Stratification*, New York, Hercourt, 1957.

Bendix et Lipset, *Class, Status and Power*, Routledge, 1966.

Broom L., « Social differentiation and stratification », *Sociology Today*, New York, Basic Books, 1959.

Davis K. et Moore W. E., « Some principles of stratification », *The American Sociological Review*, vol. 10, n° 2, 1945.

Davy G. et Moret, *Des clans aux empires*, Paris, La Renaissance du livre, 1923.

Dumont L., *Homo hierarchicus*, Paris, Gallimard, 1966.

Goblot G., *La Barrière et le Niveau*, Paris, Alcan, 1925.

Kellerhalls, « Dimensions familiales de la stratification », *Revue française de sociologie*, octobre 1974.

Lenski G. S., *Power and Privilege*, New York, Mc Graw Hill, 1966.

Littlejohn J., *Social Stratification*, Londres, Allen and Unwin, 1972.

Lloyd Warner W., Meekler, EDS, *Social Class in America*, Chicago, Science Research Ass., 1949.

Mandic O., « La stratification sociale en Yougoslavie », *Cahiers internationaux de sociologie*, vol 39, Paris, PUF, 1965.

Marx K., *Œuvres*, Paris, Gallimard, 1963.
— *Critique du programme du parti ouvrier allemand* (1875), *Manifeste du parti communiste* (Éditions sociales, 1966), *Le 18 Brumaire de Louis Bonaparte* (Éditions sociales, 1963), *Le Capital* (Éditions sociales, 1969).

Mayer A. C., *Caste and Kinship in Central India*, Londres, Routledge, 1960.
Mousnier R., *Les Hiérarchies sociales de 1450 à nos jours*, Paris, PUF, 1969.
Ossowski S., *Class Structure in the Social Consciousness*, Londres, Routledge, 1957.
Packard V., *A l'assaut de la pyramide sociale*, Paris, Calmann-Lévy, 1964. (*The Pyramid Climbers*, Mc Graw Hill, 1962.)
Les Obsédés du standing, Paris, Calmann-Lévy, 1960. (*The Status Seekers*, Mc Graw Hill, 1959.)
Parsons T., *Essays in Sociological Theory*, Glencoe, 1949.
Reissman L., *Class in American Society*, Londres, Routledge and Kegan, 1960; trad. française : Paris, PUF, 1968.
Sorokin P., *Social and Cultural Mobility*, Glencoe, Free Press, 1959.
Tumin M. M., « Some principles of stratification », *The American Sociological Review*, n° 5, août 1953.
La Stratification sociale, Duculot-Gembloux, 1971. (*Social Stratification*, Prentice Hall, 1967.)
Veblen Th., *Théorie de la classe de loisir*, Paris, Gallimard, 1970. (*The Theory of Leisure Class*, Mac Millan, 1899.)
Weber M., « Class, status and party », *Essays in Sociology*, New York, Oxford University Press, 1946.
— *The Theory of Social and Economic Organization*, trad. Parsons, Glencoe, Free Press, 1947.
Williams R. M., *American Society*, New York, Knopf, 1965.
Wright Mills C., « The sociology of stratification », *Power, Politics and People*, New York, Oxford University Press, 1963.
— *L'Élite du pouvoir*, Paris, Maspero, 1969. (*The Power Elite*, Oxford University Press, 1956.)
— *Les Cols blancs. Les Classes moyennes en Amérique*, Paris, Maspero, 1966. (*The American Middle Classes*, Oxford University Press, 1951.)
Young M., *The Rise of Meritocracy*, Pelican book, 1961.

9
Classes sociales

La notion de classe sociale, on vient de le voir, est indissolublement liée à celle de stratification et de hiérarchie bien qu'elle ne se confonde pas avec elles. Il est donc important d'en préciser maintenant la signification propre.

Le problème est d'abord de définir les classes, c'est-à-dire surtout de préciser les critères sur lesquels on se fonde pour les distinguer. Il est ensuite nécessaire de savoir s'il s'agit là d'une division simplement méthodologique, ou bien si ces classes correspondent à une réalité effective, autrement dit si elles forment des unités à quelque degré et non pas seulement des collections d'individus n'ayant entre eux aucun lien social particulier. Dans l'un des cas, on aura affaire à une définition nominaliste, et dans l'autre à une définition réaliste, ce qui n'exclut pas évidemment une position intermédiaire et plus nuancée.

C'est à partir de la réponse à cette question qu'on pourra tenter de savoir si le concept de classe sociale peut-être appliqué à n'importe quel type de société ou à certaines phases seulement de l'évolution historique, et que l'on pourra, dans les contextes adéquats, identifier les classes, les dénombrer et utiliser aussi cette notion pour établir diverses corrélations, apprécier le rôle historique de leur agencement, en tirer divers enseignements permettant de mieux comprendre la vie des sociétés.

1. La conception réaliste

Les classes selon Karl Marx.

Ainsi qu'il le reconnaissait lui-même dans la lettre à Weidemayer (5 mars 1852), Marx n'a pas découvert l'existence des classes dans la société. Néanmoins, c'est lui qui en a le premier mesuré toute l'importance historique, et c'est toujours, plus ou moins, en partant de ses analyses, soit pour les compléter soit pour les réfuter, qu'on étudie maintenant les classes sociales.

Malheureusement, la position de Marx lui-même à ce sujet prête à controverses, car on trouve dans ses œuvres des jugements divers sur le nombre des classes, sur la durée de leur existence, et, finalement, sur leur définition, d'autant plus qu'il a interrompu la rédaction du troisième livre du *Capital* au chapitre qui devait leur être consacré. Comme l'a remarqué Gurvitch, les œuvres de jeunesse de Marx insistent principalement sur l'aspect sociologique des classes, en liaison avec une philosophie de l'histoire, en soulignant notamment que la distinction entre elles n'est pas fondée sur « le porte-monnaie », c'est-à-dire pas sur la fortune ni sur le revenu. Par la suite, il a plus particulièrement mis l'accent sur leur aspect économique. Dans ses ouvrages historiques, il a surtout insisté sur leur importance politique.

Les classes sont-elles pour lui liées à la structure de toute espèce de société? Évidemment non, puisqu'il pense que le socialisme pourra amener leur disparition. Mais sont-elles du moins congénitales à la société? Dans la lettre déjà citée, Marx estime que son principal mérite est d'avoir démontré que l' « existence des classes ne se rattache qu'à certaines phases historiques du développement de la production ». Autrement dit, les classes ne seraient apparues qu'avec l'industrialisation et les débuts du capitalisme. Mais, dans le *Manifeste communiste,* il affirme au contraire que « l'histoire de toute société passée est l'histoire de la lutte des classes », et il cite comme exemples celle des hommes libres et des esclaves, celle des patriciens et des plébéiens dans l'Antiquité. De tout temps, il y eut ainsi une opposition entre oppresseurs et opprimés, et celle de la bourgeoisie et du prolétariat n'en est que l'aspect moderne. On peut en déduire que Marx, suivant qu'il simplifie sa pensée pour les besoins de la polémique ou qu'il la précise dans ses œuvres plus approfondies, emploie le mot « classe » au sens large ou au sens étroit. Plus exactement, la lutte entre exploiteurs et exploités remonte aux origines de l'humanité, mais c'est seulement dans le rapport industriel que cet antagonisme devient fécond et porteur de sa propre solution, qui est la prise du pouvoir par le prolétariat.

Pour la même raison, le marxisme peut tantôt réduire le nombre des classes à deux termes opposés, comme on vient de le voir, tantôt énumérer plusieurs classes engagées à des titres divers dans ce processus. Il arrive ainsi à Marx de distinguer trois classes (dans le tome III du *Capital* : ouvriers salariés, capitalistes, propriétaires fonciers), quatre classes (selon une interprétation donnée par Overbergh : bourgeoisie capitaliste, prolétariat, propriétaires fonciers, petite bourgeoisie), sept classes (dans *les Luttes de classes en France,* où il donne une place à part aux banquiers, aux boutiquiers et au sous-prolétariat) ou même huit (dans *Révolution et Contre-Révolution en Allemagne,* où il fait intervenir la noblesse féodale et établit une distinction entre les ouvriers agricoles et ceux de l'industrie). Autrement dit, il tient compte des contextes historiques et aussi du niveau d'analyse auquel il doit se placer suivant les cas. Dans ces conditions, quels sont les principes de ces classifications? D'abord, on ne saurait trop y insister, toute la typologie marxiste des classes suppose, à l'arrière-plan, la dichotomie entre exploiteur et exploité ou, dans une perspective plus proche, entre classe possédante et prolétariat, cette dernière opposition étant fondée de la façon la plus observable sur la possession ou la non-possession des instruments de production. Mais, à l'intérieur de ce dualisme, il y a des catégories qui peuvent se constituer en classes distinctes. L'important est alors de savoir selon quels critères une classe se définit comme telle et n'est pas une simple sous-classe ou une classe virtuelle. Pour répondre à cette question, on peut se reporter à un texte célèbre dans lequel Karl Marx se pose cette question à propos des petits paysans dans la France du milieu du XIXe siècle (*le 18 Brumaire de Louis Bonaparte*). Les critères qu'il utilise alors pour savoir dans quelle mesure ces petits paysans constituent une classe sont, outre la référence implicite à la place qu'ils occupent dans le processus économique, la communauté de certains caractères (modes de vie, intérêt, culture), l'opposition à d'autres classes et l'unité vécue ou, si l'on préfère, la conscience de classe.

Ainsi, la division en classes ne se confond pas avec la simple stratification sociale et avec la division des professions, car celle-ci subsistera un certain temps après que le socialisme aura éliminé la lutte des classes. La classe est donc, en un sens, une catégorie socio-professionnelle; mais, pour Marx, elle est aussi et surtout définie par son insertion dans la lutte des classes et par la conscience qu'elle a d'être une classe. Ce sont ces derniers caractères qui fondent le réalisme de la notion de classe. Il est vrai que, dans certains textes, Marx semble dire que seul le prolétariat peut avoir une véritable conscience de classe; il y a pour lui deux sortes de conscience de classe : l'une qui est simplement idéologique, dans le sens limitatif de ce mot, c'est-à-dire liée étroitement aux intérêts propres de la classe en question, et l'autre, celle du prolétariat, qui est conscience au sens fort du mot, c'est-à-dire conscience scientifique et objective et, de ce fait, prise de conscience de la situation sociologique dans son ensemble. C'est à ce titre aussi qu'elle est révolutionnaire. Précisant la pensée de Marx, Lukacs insiste sur le fait que la véritable conscience de classe n'est pas conscience psychologique, mais conscience historique tout en étant individuelle.

Les classes selon Gurvitch.

La théorie de Georges Gurvitch est l'une des tentatives les plus notables pour maintenir le réalisme des classes sociales tout en limitant la notion au point de vue sociologique et en l'affranchissant de ses liens avec une philosophie de l'histoire.

La position de Gurvitch se rapproche d'autre part de celle de Sorokin. Celui-ci, s'élevant contre les conceptions nominalistes, refusait de limiter la classe sociale à un groupe uni-fonctionnel (*uni-bonded*), défini, par exemple, par telle catégorie professionnelle ou par tel type d'activité, et il critiquait même les définitions qui retenaient plusieurs fonctions, mais sans s'attacher aux plus essentielles, comme la définition de « classe oisive » (*leisure class*) que Veblen caractérisait en retenant le double critère d'acquisition et de loisir. Sorokin pensait que pour distinguer les classes les unes des autres il fallait recourir à un grand nombre de critères. C'est en cela même que consiste le pluralisme de Gurvitch, avec en plus une systématisation des critères. La classe sociale est, pour lui aussi, un type particulier de groupement qui se distingue des autres par six caractères cardinaux.

Les classes sont en effet suprafonctionnelles (ce qui

englobe diverses fonctions, notamment la fonction économique, particulièrement accentuée); elles sont incompatibles entre elles (ce qui peut entraîner une lutte des classes); elles sont réfractaires à la pénétration par la société globale (ce qui les distingue par exemple des castes ou des ordres); ce sont enfin des « groupements à distance », leurs membres étant disséminés dans l'ensemble de la société.

Si la conscience de classe ne figure pas dans cette énumération, c'est, dit l'auteur, parce qu'elle en découle tout naturellement, et qu'elle est impliquée principalement dans la tendance à la structuration. Quant au critère le plus utile au sociologue pour mesurer pratiquement le degré de réalité d'une classe, c'est sans doute celui de la résistance à la pénétration par la société globale. Il indique en tout cas la spécificité et la vitalité d'une classe qui conditionnent ainsi la conscience de classe de celle-ci. Par exemple, la persistance de la classe paysanne en Russie s'explique par le fait qu'elle a été longtemps fermée à la société globale. De même, si l'on peut dire qu'une classe technico-bureaucratique est en train de se constituer, c'est dans la mesure où ce groupe forme un monde qui se ferme de plus en plus à la société globale.

Quant au critère de la structuration, il ne doit pas, rappelons-le, être confondu avec l'organisation unique. La classe est structurée par une même mentalité, une communauté d'idées, de symboles, de valeurs, ce qui implique aussi la conscience de classe, les œuvres culturelles et les idéologies. Pour savoir, par exemple, si dans tel contexte historique la bourgeoisie commerçante constitue une classe latente, une sous-classe de la bourgeoisie en général ou une classe spécifique, on aura intérêt à voir dans quelle mesure elle a aussi une structure propre.

On voit qu'avec Marx, Lukacs et Gurvitch, la notion de classe est définie comme une réalité, un fait que le sociologue cherche à cerner à l'aide de divers critères. Mais on peut toujours se demander si cette réalité n'est pas découpée par le sociologue lui-même à partir des idées qui lui servent de critère. Finalement, comme le signale P. Naville, la classe ne peut pas correspondre seulement à une réalité; elle doit aussi répondre à une nécessité logique, être synonyme de genre. Dire, en effet, qu'elle existe réellement parce que ses membres ont conscience de son existence, de leur appartenance à elle, c'est utiliser un critère subjectif, car, pour qu'on estime faire partie d'une classe, il faut que la notion même de cette classe soit donnée antérieurement à ce jugement. Pour éviter ce cercle vicieux, ce subjectivisme, on est donc tenté de définir d'abord le concept selon des échelles d'appréciation rationnelles, avant de se préoccuper de son existence réelle, et l'on est ainsi renvoyé d'une part à des théories nominalistes, d'autre part à des recherches empiriques pour essayer de rejoindre le réel à partir de ce nominalisme.

2. La conception nominaliste et les recherches empiriques

I. LE NOMINALISME

Le nominalisme de Max Weber.

Si l'on ne part pas de la constatation qu'il existe des unités réelles constituant des classes pour ensuite analyser les critères qui les distinguent des autres unités sociales, on est amené à effectuer une démarche contraire à la démarche réaliste. En effet, c'est à partir de certaines situations sociales que l'on définit la classe comme l'ensemble des individus qui ont en commun telle ou telle situation, sans se soucier de savoir d'abord s'ils sont par là véritablement unis. Cette seconde manière de procéder est celle de Max Weber en particulier; la notion de « situation de classe » est le fondement de sa conception de la classe; elle l'amène à distinguer la classe de la communauté et à ne l'envisager que comme « la base possible de conduites communes ».

Il reste à savoir quel est le principe essentiel de la situation de classe. On peut, selon Max Weber, distinguer dans toute société trois sortes de hiérarchies, qui correspondent, comme on l'a déjà dit, à l'ordre économique, à l'ordre social et à l'ordre politique. La classe est déterminée par l'ordre économique, le statut de prestige l'est par l'ordre social et le parti par l'ordre politique. Certes, il y a des rapports possibles entre les trois hiérarchies, mais elles ne sont pas toujours nécessairement liées. Par exemple, le cas de la noblesse ruinée et celui des nouveaux riches montrent que la place des classes sociales ne correspond pas exactement à celle des groupes statutaires, c'est-à-dire des groupes de prestige, ces derniers se distinguant surtout par leurs modes de vie. La hiérarchie de prestige repose sur un consensus, et elle a quelque chose de subjectif, tandis que la hiérarchie économique range les individus en des classes selon des situations qu'on peut évaluer plus objectivement. Weber distingue trois genres de classes définis par la fortune, l'acquisition ou l'ensemble des situations entre lesquelles les échanges sont aisés.

Les critères externes.

La principale difficulté à laquelle on se heurte quand on entend par « classe » un simple ensemble d'individus ayant en commun une certaine situation sociale tient au fait que cette situation peut être définie selon des critères très différents, et variables suivant les auteurs. Ainsi, tandis que Max Weber fonde la classe sur la hiérarchie économique et la distingue du statut de prestige, d'autres sociologues ont tendance à substituer la notion de stratification sociale à celle de classe ou à réduire la seconde à la première, et définissent les stratifications par la réputation et le prestige. C'est dans cet esprit, par exemple, que W. Lloyd Warner a établi la classification dont nous avons parlé à propos de la stratification [1].

Or, comme l'a bien montré Weber, les échelles de prestige, celles de la fortune et celles des professions ne se recouvrent pas toujours les unes les autres de façon constante. Et surtout, ce nominalisme dissout pratiquement la notion de classe au profit de la notion de catégorie économique ou de catégorie socio-professionnelle. Ainsi, on peut très bien classer les individus selon leurs revenus, mais en établissant dans cette échelle des tranches arbitrairement délimitées, ce qui ne désigne que des groupes artificiels. De même encore, on s'expose à faire de la classe une catégorie superflue lorsqu'on tend à la faire coïncider avec la profession, comme le fait par exemple Schmoller. Celui-ci pense que la division en classes est un effet de la division du travail et qu'elle a succédé, dans l'histoire des sociétés, à la division en groupes de parenté ou de localité. Certes, Schmoller fait appel en outre à d'autres caractéristiques : la culture, les intérêts communs, la conscience de la communauté, l'entretien de relations sociales ; mais, dans la mesure où tout cela résulte directement de la répartition entre professions, la classe n'est rien d'autre qu'une catégorie socio-professionnelle, et l'on ne voit pas qu'elle puisse donner accès à une réalité.

1. Voir *supra*, chapitre 8 (par. 3, III).

Ainsi, le nominalisme, auquel renvoyaient les difficultés du réalisme, doit se justifier à son tour par une certaine aptitude à donner quelque spécificité au concept de classe, et cela surtout en ouvrant la voie à des études empiriques.

II. LES ÉTUDES EMPIRIQUES

Schumpeter.

La théorie de Schumpeter marque un progrès par rapport à celle de Max Weber : Schumpeter se défend de faire de la classe sociale une simple collection d'individus ayant une même situation de classe, et insiste au contraire sur l'unité vivante qu'elle représente.

Les membres d'une classe, dit-il, ne se comportent pas les uns à l'égard des autres de la même façon que dans leurs rapports avec les individus des autres classes, et ce caractère ouvre la voie à des enquêtes du genre de celles qu'entreprenait Warner. D'autre part, les membres d'une classe ont des façons de vivre similaires, ce qui rend le concept opératoire dans les recherches sur le comportement et en particulier les modes de consommation. L'unité vivante de la classe peut également être saisie et mesurée objectivement par le nombre des mariages conclus en son sein, car cette unité se manifeste par une tendance à l'endogamie. D'autre part, selon Schumpeter, il faut, dans l'étude des classes, faire grande attention aux survivances, c'est-à-dire aux comportements qui s'expliquent, non par la situation actuelle, mais par une conjoncture passée et révolue. Il faut aussi, pour bien comprendre le phénomène social, s'attacher à voir comment se forment les classes et considérer que la cellule initiale qui compose la classe est plutôt la famille que l'individu. Il importe enfin de bien définir la fonction de chaque classe, car sa position dans la structure nationale dépend de la signification qui est attribuée à cette fonction et aussi de sa capacité à s'acquitter de cette fonction qui, elle-même, s'explique en partie, mais non exclusivement, par la profession. La fonction de la classe est à la fois économique et sociale.

On a pu reprocher à la théorie fonctionaliste de Schumpeter de ne point fournir un moyen de distinguer la classe de la caste, de la corporation, du groupe professionnel, de la confrérie, qui ont également une fonction et présentent une unité. En d'autres termes, sa théorie ne tiendrait pas suffisamment compte de l'évolution historique des structures sociales globales et, en ce sens, elle n'échapperait pas, malgré ses principes réalistes, à plusieurs des inconvénients du nominalisme. Car, ainsi que le souligne Raymond Aron, les théories nominalistes tendent à faire de la classe, définie a priori, un élément de n'importe quelle structure sociale, tandis que le réalisme (celui de Marx et surtout celui de Gurvitch) ne l'attribue qu'à un certain type de société, notamment à l'apparition de l'industrie et en tout cas à une certaine forme des rapports économiques et sociaux.

Halbwachs.

C'est sans doute à Maurice Halbwachs que l'on doit l'effort le plus résolu pour conserver le réalisme marxiste en l'élargissant aux perspectives empiristes ouvertes par le nominalisme. Halbwachs a d'abord bien vu que la conscience de classe était le critère fondamental de l'unité réelle de la classe. Mais, comme Durkheim, et contrairement à Lukacs, il se réfère à une conscience collective, en faisant intervenir aussi la mémoire collective, grâce à laquelle les classes subsistent à travers le temps. Il insiste aussi sur la liaison entre la notion de classe et celle de hiérarchie. Pour une classe, prendre conscience de soi, c'est se situer à un certain niveau social, et cette position est déterminée à la fois par l'opinion que les classes en ont et par celle qu'en a la société globale. Les deux principaux critères d'évaluation sont, d'une part, le degré de participation de la classe aux activités sociales essentielles et, d'autre part, le niveau des besoins. Le premier de ces critères concerne la proximité plus ou moins grande par rapport aux foyers de la vie sociale et conduit par conséquent à des études sur la distance sociale. Si, par exemple, les ouvriers sont situés relativement bas dans la hiérarchie, c'est parce que leur travail les éloigne du foyer principal de l'activité et des responsabilités dans la société globale. On voit que ce critère proposé par Halbwachs n'est pas sans quelques analogies avec la notion marxiste d'« aliénation ». Quant au second critère, celui qui concerne les besoins sociaux, Halbwachs y voyait le moyen de fonder des recherches empiriques et objectives, et il se rapproche plutôt de certaines études sociologiques américaines entreprises dans une perspective nominaliste. On est ainsi conduit à apprécier la situation sociale d'une classe par ses habitudes de consommation. Mais Halbwachs prend soin de dire que les besoins d'une classe ne sont pas sans rapport avec son rôle dans le processus de production. Il veut en réalité, par ce biais, étudier de quelle manière la situation de classe socialise les individus.

Le fait d'appartenir à telle ou telle classe impose des motifs d'action particuliers, et c'est ce qui crée des différences sociologiques réelles entre les individus appartenant à des classes différentes. C'est précisément dans les besoins que ces comportements sont particularisés de façon observable. Ainsi, comme l'a bien vu Veblen, les gens appartenant à la classe supérieure s'efforcent de montrer, par leur manière de se nourrir, de se loger, de s'habiller, qu'ils ont des loisirs. Au contraire, chez les ouvriers, il y a beaucoup moins d'écart entre les besoins corporels et les besoins psychosociaux que dans la classe bourgeoise. L'ouvrier, d'autre part, consacre la partie de ses ressources qu'il n'utilise pas pour satisfaire aux nécessités vitales moins à la vie du foyer qu'à la vie sociale en général. C'est pourquoi il y a moins de diversité et plus de solidarité dans la classe ouvrière.

Halbwachs n'a pas lui-même poussé très loin les enquêtes empiriques dont il a énoncé les principes. Mais il a du moins montré que l'on pouvait tenter de conserver l'indispensable réalisme fondé notamment sur la référence à la hiérarchie globale, voire sur la lutte des classes, ainsi que sur la conscience de classe et le rapport économique, tout en justifiant des considérations en apparence plus nominalistes — et qui d'ailleurs n'avaient pas échappé à Karl Marx — sur l'appréciation des rôles sociaux et sur les comportements, en particulier sur les attitudes de consommation. Il est vrai que ce cadre peut être très largement dépassé. On peut en effet envisager et l'on a effectivement réalisé des études empiriques sur divers comportements sociaux en rapport avec les différences de classes. Par exemple, on a examiné de quelle manière les différences se conjuguent avec les opinions politiques, avec les aptitudes culturelles, et même avec les maladies mentales.

3. Utilité de la notion

On a vu quelles avaient été les hésitations de Marx lorsqu'il s'était agi pour lui d'énumérer les classes sociales. En fait, tout dépend à la fois du cadre social considéré et de l'utilisation que l'on veut faire de la notion. La première question qui se pose est donc de savoir s'il y a des classes sociales dans toute espèce de société. Selon Gurvitch, par exemple, ce concept n'a de sens que dans les sociétés industrialisées. Et, en vérité, Marx lui-même a parfois semblé se rallier à cette conclusion, tout en maintenant pour les sociétés préindustrielles la dichotomie exploiteurs-exploités. Ce qui est sûr, c'est que le système de production industrielle donne aux clivages et aux oppositions une réalité et surtout une signification sociologique plus nettes. On peut, d'autre part, se demander s'il est prévisible que, dans une étape plus lointaine, les luttes de classes et même les distinctions entre classes disparaîtront. Selon Marx, on le sait, la société sans classes qu'il appelait de ses vœux ne devait pas supprimer immédiatement les catégories professionnelles, celles-ci ne pouvant être abolies que dans une société où les travaux et les biens seraient enfin distribués, non plus selon les aptitudes, mais selon les besoins.

Comme beaucoup de notions sociologiques, celle de classe sociale est aujourd'hui sérieusement mise en question, étant, de plus en plus, écartelée entre un réalisme qui doit sans cesse réajuster ses critères d'identification à des situations mouvantes et un nominalisme qui tend à la dissoudre au profit d'une stratification fondée sur l'observation des comportements ou sur des échelles quantitatives, et qui, de la sorte, aboutit plutôt à définir des catégories socioprofessionnelles. Cependant, les situations conflictuelles font apparaître à la fois la réalité vivante et la justification méthodologique des classes sociales. Ce concept reste donc opératoire, dans la mesure où il peut être constamment ajusté à des contextes divers, et c'est pourquoi il débouche souvent sur des études concernant la mobilité sociale. Il est important, en effet, d'évaluer le degré de rigidité des classes sociales, de saisir les tendances à une transformation, de savoir quels sont les facteurs qui tendent à les consolider ou à les faire évoluer. Ainsi, même lorsqu'on met en cause les classifications établies, il reste que les classes sociales, comme structures significatives et comme éléments de stagnation ou de transformation, sont encore les cadres d'une recherche sociologique permettant de mieux comprendre le devenir des sociétés globales.

Bibliographie

Aron R., *La Lutte des classes,* Paris, Gallimard, 1964.

Bendix R. et Lipset S. M., *Class, Status and Power,* New York, Free Press, 1966, 2e éd.

Bouvier, Ajam et Mury, *Les Classes sociales en France,* Paris, Éditions sociales, 1963, 2 vol.

Carlsson G., *Social Mobility and Class Structure,* Lund, C. W. K. Gleerup, 1969.

— « Les classes sociales dans le monde d'aujourd'hui », *Cahiers internationaux de sociologie,* numéros spéc. 38 et 39, 1965.

Davis K. et Moore W., « Some principles of stratification », *American Sociological Review,* avril 1945.

Gans H., *The Urban Villagers,* New York, Free Press, 1962.

Gurvitch G., *Études sur les classes sociales,* Paris, PUF, 1966.

Halbwachs M., *Esquisse d'une psychologie des classes sociales,* Paris, M. Rivière, 1955.

Lewis O., *Les Enfants de Sanchez,* Paris, Gallimard, 1963.

Lukacs G., *Histoire et Conscience de classe,* Paris, Éditions de Minuit, 1960.

Marx K., *Le Capital,* trad. Paris, A. Costes, 1966.

— *Les Luttes de classes en France,* Paris, Éditions sociales, 1948.

— *Manifeste du parti communiste,* Paris, Union générale d'éditions, 1962.

- *Le 18 Brumaire de Louis Bonaparte,* Paris, Éditions sociales, 1950.

Mayer A. C., *Caste and Kindship in Central India,* Londres, Routledge, 1960.

Miller S. M. et Riessman F., « The working class subculture », *Social Problems,* n° 9, 1961.

Ossowski S., *La Structure sociale dans la conscience sociale,* Paris, Anthropos, 1971. (*Struktura klasowa w spolecznej swiadomosci,* Varsovie, 1957.)

Parsons T., « An analytical approach to the theory of social stratification », *American Journal of Sociology*, XLV, nov. 1940.

Reisman L., *Classes sociales aux États-Unis*, Paris, PUF, 1963. (*Class in American Society*, Glencœ, III, 1959.)

Schmoller G., *Grundriss der Allgemeinen Vlokwirtschaftslehre*, Munich, 1900-1904, 2 vol.

— *Die Soziale Frage*, Munich, 1918.

Schumpeter J. A., « Die sozialen Klassen in ethnisch homogenem milieu », *Archiv für Socialwissenschaft und Sozialpolitik*, 1927. Trad. angl. : *Imperialism and Social Classes*, New York, A. M. Kelley, 1951. Trad. française de l'anglais : *Impérialisme et Classes sociales*, Paris, Éditions de Minuit, 1972.

Sorokin P., *Society, Culture and Personality*, New York, Harper and Br., 1947.

Weber M., *Gesammelte Aufsätze zur Sozial-und Wirtshaftsgeschichte*, Tübingen, Verlag von J. C. B. Mohr, 1968.

C. Wright Mills, *Les Cols blancs. Les Classes moyennes en Amérique*, Paris Maspero, 1966. (*The American Middle Classes*, Oxford University Press, 1951.)

10

Môbilité sociale (verticale)

1. Diverses sortes de mobilité

Les hiérarchies étant ce qu'elles sont dans une société donnée, il importe beaucoup de savoir comment les individus peuvent s'y insérer, c'est-à-dire dans quelle mesure ils ont la possibilité de déterminer eux-mêmes leurs places, de choisir leurs statuts, de les changer, et, surtout, de monter ou de descendre les degrés de ces échelles. Ce problème est celui de la mobilité verticale [1], qui, suivant son sens, peut être une mobilité verticale ascendante (montée dans l'échelle sociale) ou descendante. Quand la stratification est fixée et héréditaire, comme c'est le cas dans le régime des castes, il y a peu de mobilité verticale. On peut

1. Les sociologues distinguent deux sortes de mobilité : *a.* la mobilité horizontale, qui concerne la possibilité de se déplacer d'un statut vers un autre de même niveau (par exemple, changer d'entreprise en gardant le même statut professionnel et le même salaire, ou changer de résidence pour une situation égale) et qu'on étend parfois aux mouvements de migration (par exemple des campagnes vers les villes) dans la mesure où l'on ne se préoccupe pas spécialement des changements de strates sociales ; *b.* la mobilité verticale, dont il est question exclusivement dans ces pages, puisqu'elle concerne la montée ou la descente selon les divers degrés d'une hiérarchie, c'est-à-dire le changement de strate.

d'autre part prendre en considération soit la famille, en notant les changements de statut entre la situation des pères et celle des fils (mobilité intergénérationnelle) ou bien considérer seulement la carrière d'un individu (mobilité intra-générationnelle ou de carrière) [1]. On établit aussi une distinction entre la mobilité automatique (résultant par exemple du changement d'âge) et la mobilité volontaire. Enfin, il importe beaucoup, en sociologie, de faire la différence entre mobilité brute, mobilité structurelle et mobilité nette. La mobilité nette est celle qui apparaît dans les documents les plus courants et les plus souvent utilisés, notamment les « tables de mobilité », qui sont le résultat d'enquêtes auprès d'une population donnée dont on enregistre les professions (et les pourcentages d'individus dans chacune d'elles) et dont on note les professions des pères. On sait donc ainsi dans quelles proportions évoluent les changements de statut (en montant ou en descendant l'échelle sociale) d'une génération à l'autre [2]. Mais cette « mobilité brute » peut traduire deux processus différents. Le premier, appelé mobilité structurelle, est dû à l'évolution du système social, par exemple à la raréfaction des professions agricoles et à l'extension des emplois de bureau entre la génération des pères et celle des fils. Le second, la

1. Roger Girod, dans son livre *Mobilité sociale* (Droz, 1971), déplore que les sociologues aient trop négligé la mobilité de carrière. Il établit que cette mobilité est d'autant plus forte que le système social considéré est économiquement plus avancé et qu'en temps ordinaire elle est surtout ascendante (déprolétarisation).

2. En France, par exemple, on utilise très souvent les tables de mobilité fournies par l'INSEE, à partir d'enquêtes très approfondies. On trouvera dans l'étude de J. Desabie (*La Mobilité sociale en France*, SEDEIS, étude n° 641, 1er novembre 1955) un commentaire sur l'enquête de l'INSEE de 1953, et dans celle de M. Praderie, R. Salais, M. Passagez (« Une enquête sur la formation et la qualification des Français », *Études et Conjoncture*, PUF, n° 2, février 1967) des considérations portant principalement sur les résultats d'une enquête de l'INSEE datant de 1964.

mobilité nette, est celui qui, indépendamment des évolutions du système global, dépend des individus eux-mêmes, de leur faculté de s'élever, de stagner ou de descendre. En d'autres termes, on a les équations suivantes : « Mobilité brute = mobilité structurale + mobilité nette », et « Mobilité nette = mobilité brute — mobilité structurale ». Dans la pratique, quand on regarde une table de mobilité sociale (brute), on peut y lire aussi, dans les « marges » (donnant les totaux), ce qu'est la mobilité structurelle (c'est-à-dire l'évolution de la situation de l'emploi globale entre les deux générations), et divers calculs permettent alors d'en déduire la mobilité nette [1]. Si l'on supposait une société ayant une démographie stable, avec une répartition constante des emplois, chaque fois qu'un individu monterait, un autre descendrait, et la mobilité brute serait égale à la mobilité nette. En fait, le taux de natalité varie souvent suivant les classes sociales (créant par exemple une aspiration vers le haut), et le progrès industriel fait augmenter en nombre les emplois non manuels [2].

1. Voir sur ce point l'article de Daniel Bertaux (« Sur l'analyse des tables de mobilité sociale », *Revue française de sociologie*, oct.-déc. 1969, p. 448-490) qui se réfère aux résultats de l'enquête de l'INSEE de 1964. Les marges verticales des « tables » indiquent la structure des origines sociales (pères) et les marges horizontales la structure des positions sociales de l'échantillon (fils).

2. « Si la proportion des fils de paysans qui sont eux-mêmes agriculteurs a été beaucoup plus faible aux États-Unis qu'en France, la différence reflète pour une part la diminution plus rapide de la proportion de la main-d'œuvre agricole aux États-Unis qu'en France », Raymond Aron, *La Lutte des classes* (Gallimard, 1964), p. 257 s.

2. Les tables de mobilité

Les tables de mobilité présentent le défaut de se référer généralement aux seuls statuts professionnels, de telle sorte qu'elles ne concernent qu'un des aspects des déplacements dans les hiérarchies sociales [1]. En outre, on ne fait intervenir que la profession du père, comme si le statut social de la mère n'avait pas d'importance. D'autre part, quand on mesure ainsi la mobilité professionnelle, on ne peut la dire ascendante ou descendante que si l'on répartit toutes les professions en catégories hiérarchisées, ce qui ne va pas, on l'a vu, sans une part de subjectivité. Assez souvent, les sociologues ont simplifié le problème par un regroupement de toutes les professions en trois catégories (non manuelles, manuelles, rurales). Voici par exemple ce que donne la mobilité constatée par l'INSEE en 1964 et traduite en une table selon cette formule (les lignes horizontales concernant la position, ou situation des fils, les lignes verticales celles des pères, c'est-à-dire l'origine [2]).

1. Warner (in *Occupational Mobility in Business and Industry*, University of Minnesota Press, 1955) a proposé, pour élargir le point de vue, un index de statut fondé sur 4 variables (profession, genre d'habitation, zone de résidence, source de gains). F. S. Chapin (in *The Measurement of Social Status*, University of Minnesota Press, 1933) définissait le statut socio-économique comme « la position qu'un individu ou une famille occupe en se basant sur le standard moyen de bagage culturel, de revenu réel, de biens matériels, et la participation aux activités collectives de la communauté ». Mais il est plus simple et plus rapide de ne tenir compte que des professions, avec l'idée que les autres statuts (prestige, culture, etc.) sont plus ou moins en rapport avec la profession. G. Garlsson (*Social Mobility and Class Structure*, Suède, C. W. K. Gleerup, 1969) a cherché à mettre la mobilité en rapport avec l'ensemble des structures.

2. On voit par les chiffres de la diagonale (63,70 et 44 %) qu'il y a une grande inertie dans chaque catégorie, surtout chez les ouvriers et moins

	Position			
Origine	*Non-manuels*	*Manuels*	*Ruraux*	*Total (marge verticale)*
Non-manuels	20,2 (63 %)	10,8 (34 %)	0,8 (3 %)	31,8 (100 %)
Manuels	9,9 (28 %)	24,8 (70 %)	0,5 (2 %)	35,2 (100 %)
Ruraux	6,1 (19 %)	12,3 (37 %)	14,6 (44 %)	33,0 (100 %)
Total (marge horizontale)	36,2	47,9	15,9	100

Dans chaque case, le premier chiffre indique le pourcentage par rapport à l'échantillon global, et le second le pourcentage par rapport à chacune des trois catégories considérées. Ainsi, sur 100 fils de non-manuels, il y en a 63 qui restent dans cette catégorie, 34 qui deviennent manuels et 3 seulement qui vont travailler dans l'agriculture.

Certains sociologues ont proposé une répartition plus judicieuse des professions entre classes dirigeantes, moyennes et inférieures [1]. Ramenée à ce schéma, la même enquête INSEE de 1964 donne la table suivante :

chez les agriculteurs. Pour ces derniers, cette moindre inertie vient en grande partie de la mobilité structurelle (moins de postes ruraux chez les fils que chez les pères, comme l'indique la comparaison entre le chiffre rural de la marge horizontale : 33,0 et celui de la marge verticale : 14,6).

1. Répartition selon Bertaux (*op. cit.*, p. 454) : classe dirigeante (= cadres supérieurs, professions libérales, industriels, gros commerçants); classe moyenne (= employés, services, armée et police, cadres moyens, instituteurs, artisans, petits commerçants); classe populaire (= salariés agricoles, ouvriers et contremaîtres).

Origine	*Position* *Dirigeante*	*Moyenne*	*Populaire*	*Total (marge verticale)*
Dirigeante	2,4 (48 %)	2,4 (43 %)	0,8 (14 %)	5,6 (100 %)
Moyenne	2,9 (11 %)	12,7 (18 %)	10,8 (41 %)	26,4 (100 %)
Populaire	1,5 (2,2 %)	14,3 (21 %)	52,2 (77 %)	68,0 (100 %)
Total (marge horizontale)	6,8	29,4	63,8	100

Enfin, beaucoup de théoriciens de la mobilité sociale ont pris en considération uniquement deux catégories de professions : manuelles et non manuelles.

Voici, suivant les auteurs et les enquêtes cités, quelques conclusions tirées des tables de mobilité en France. L'indice d'inertie, en 1953, était plus faible pour la classe « ouvriers industriels » que pour toutes les autres catégories; elle était forte surtout dans les catégories supérieures, où l'indice de sortie était faible. En 1964, on constate que la probabilité pour un fils d'exercer la même profession que son père était faible surtout chez les exploitants agricoles; que les cadres supérieurs restaient au contraire marqués d'une très forte inertie sociale (62 % de leurs fils restant dans cette catégorie); que la mobilité était grande chez les fils d'employés (le quart des fils d'employés devenant cadres, et plus de 4 % ouvriers); que pour les salariés en général l'inertie était d'autant plus forte qu'on se rapprochait les extrêmes (cadres supérieurs, manœuvres, salariés agricoles et ouvriers non spécialisés), et restait moins forte chez les ouvriers qualifiés et les employés : que les fils des classes moyennes se maintenaient dans ces classes pour moitié, les autres devenant ouvriers, sauf une minorité qui atteignait la classe dirigeante ; qu'enfin les fils des classes inférieures restaient dans ces classes pour les trois quarts, les autres entrant dans la classe moyenne, à l'exception de 2,2 % qui parvenaient au statut de la classe dirigeante. Il est clair que la lecture des tables dépend beaucoup des regroupements qu'on opère entre les professions, ainsi que des situations comparées (statut du fils en début ou en fin de carrière, statut du père au moment de l'enquête ou à la naissance du fils), ce qui rend très difficile la comparaison entre des tables de sources différentes, notamment entre divers pays. La simplification à l'extrême des rubriques (manuels, non-manuels) a souvent pour but de rendre ces comparaisons moins délicates.

3. Facteurs et processus de la mobilité verticale

La mobilité dans les hiérarchies est en rapport avec la structure d'ensemble d'une société et en exprime le système dans son agencement, ses finalités inconscientes, son fonctionnement [1]. C'est pourquoi, lorsqu'on cherche ce qui rend cette mobilité plus ou moins aisée, on devrait se référer à ce système lui-même, au lieu de tenter artificiellement d'étudier les facteurs les uns après les autres. Dans cette perspective, la sociologie moderne s'efforce de tra-

1. Voir Vittorio Cappecchi, « Problèmes méthodologiques dans la mesure de la mobilité sociale », *Archives européennes de sociologie* (VIII, n° 2), p. 285 à 318.

duire la totalité du problème sous la forme d'un modèle mathématique. Ainsi, R. Boudon [1] propose une théorie formelle de la mobilité sociale qui considère le système de circulation (de mobilité) comme une suite ordonnée d'instances d'orientations (telles que la famille, l'école, etc.) pouvant être représentées par des matrices. De cette manière, en s'intéressant principalement aux données qui concernent l'accès à l'instruction et la réussite scolaire, il montre que l'inégalité des chances sociales, expression claire des limites de la mobilité, est « le résultat d'un ensemble complexe de déterminants dont les actions ne peuvent être envisagées isolément les unes des autres, mais doivent précisément être conçues comme constituant un système ».

Le premier grand ouvrage consacré à la mobilité sociale, celui de Sorokin, avait d'ailleurs déjà amorcé une analyse de ce genre en cherchant une explication dans les systèmes d'orientation, de filtrage de la société, et, dans ce qu'il nomme les « canaux », c'est-à-dire les catégories sociales ou éléments de la société qui facilitent le passage des individus d'un niveau à un autre. Parmi les canaux, Sorokin cite l'armée (en temps de guerre surtout, par exemple sous la Révolution française, où les promotions étaient rapides), l'Église (notamment sous l'Ancien Régime), l'école, les groupes politiques, les organisations professionnelles (littéraires, scientifiques, etc.), les systèmes procurant la richesse (commerce, industrie), la famille (par le mariage et les alliances).

Outre les canaux, il y a des mécanismes de sélection qui assurent la régulation des mouvements dans les hiérarchies,

1. Raymond Boudon, *L'Inégalité des chances* (A. Colin, 1973); « Essai sur la mobilité sociale en utopie », *Quality and Quantity* (IV, n° 2, Il Mulino, 1970), p. 213-242; « Éléments pour une théorie formelle de la mobilité sociale », *Quality and Quantity* (V, n° 2, 1971), p. 39-86. Il donne à son orientation méthodologique le nom de *systémique*.

avec pour but, en principe, de tester les individus selon leurs compétences pour les différentes fonctions. Le premier de ces organes est la famille qui, par hérédité ou éducation, place les individus plus ou moins bien dans la compétition. L'école, avec ses concours, examens, contrôles divers, est un autre mécanisme de sélection très important. Sorokin soulignait déjà qu'elle a souvent pour effet d'accentuer la stratification plutôt que de l'estomper, et, à ce sujet, beaucoup de travaux sociologiques ont, plus récemment, repris ce problème fondamental pour toutes les sociétés modernes [1]. L'instruction publique, dans les pays démocratiques, augmente-t-elle réellement la mobilité sociale et diminue-t-elle l'inégalité des chances due à la naissance? Par exemple, l'accès de tous à l'école et même l'instruction obligatoire jusqu'à un âge donné font-ils qu'un fils d'ouvrier a autant de chances qu'un fils de cadre supérieur de réussir dans ses études?

Les deux tableaux suivants apportent la réponse à cette question, et l'on trouverait des résultats analogues dans tous les autres pays modernes.

Par ailleurs, les travaux sur la réussite sociale [2] montrent également que les personnes parvenant aux sommets de la hiérarchie sont issues pour la plupart de familles occupant des positions élevées. Toutefois, J. Fourastié fait remarquer que l'on obtient un tableau différent si l'on ne limite pas les

1. Cf. Pierre Bourdieu et J. C. Passeron, *Les Héritiers* (Éditions de Minuit, 1964); R. Castel et J. C. Passeron, *Éducation, Développement et Démocratie* (Mouton, 1967); S. Mollo, *L'École dans la société* (Dunod, 1969); V. Isambert-Jamati, *Crises de la société, Crises de l'enseignement* (PUF, 1970); R. Boudon, *L'Inégalité des chances* (Colin, 1973); R. Girod, *op. cit.*

2. Alain Girard, *La Réussite sociale en France* (PUF, 1961) et *La Réussite sociale* (PUF, 1967). Principales variables liées à l'inégalité des chances de réussite sociale : le sexe (en faveur des hommes), le lieu d'origine (en faveur des grandes villes et de certaines régions), la famille.

RÉUSSITE SCOLAIRE SELON LA PROFESSION DU PÈRE : RÉUSSITE EN CM2[1]
(en France)

	Excellente, bonne	*Moyenne*	*Médiocre, mauvaise*	*Total*
Ouvriers agricoles	29 %	33 %	38 %	100 %
Ouvriers	28	34	38	100
Cultivateurs	36	35	31	100
Artisans-commerçants	37	34	29	100
Employés	38	34	28	100
Professions libérales	50	34	16	100
Chefs d'entreprise et cadres moyens	56	27	17	100
Cadres supérieurs	55	29	16	100

1. *Population*, n° 2, mars-avril 1965.

ÉTUDIANTS SELON LA CONDITION SOCIALE EN 1963
(en France)

	1954 Hommes non célibataires 45-54 ans	*Juin 1963 Étudiants français*
Salariés agricoles	5,1 %	0,6 %
Ouvriers	37,6	8,7
Agriculteurs	18,9	7,2
Personnel de service	1,6	1,1
Employés	8,1	8,2
Artisans-commerçants	13,3	14,8
Industriels	2,4	3,6
Autres catégories	2,0	7,8
Cadres moyens	5,9	19,2
Professions libérales et cadres supérieurs	5,1	28,8

comparaisons à deux générations [1]. D'autre part, il faut bien noter que l'inégalité des enfants devant les examens selon leur origine sociale dépend beaucoup plus du niveau culturel et surtout du niveau d'ambition que du revenu et de la situation économique des familles [2]. Raymond Boudon, reprenant des observations faites par Anderson (1961), note que dans les sociétés industrielles, le niveau d'instruction ne paraît avoir que peu de relation avec la mobilité, et il rappelle que de nombreuses enquêtes faites en Amérique ont conduit à la conclusion qu'aucune des variables scolaires (enseignants, budgets, méthodes, etc.) ne semble avoir un effet net sur l'inégalité des chances à l'école. On peut en conclure qu'il s'agit surtout d'un ensemble de conditions sociales dont aucun élément n'est

1. Si l'on prend le cas d'élèves des grandes écoles ou du niveau de l'agrégation, 25 % de leurs pères sont du même niveau d'instruction, mais 75 % de leurs grands-pères sont du niveau du certificat d'études ou au-dessous (enquêtes de Marianne Malinski). Selon la « théorie des 3 générations » de l'Allemand Lenke, le processus d'ascension le plus courant serait le suivant : grand-père paysan, père instituteur, fils universitaire. Les conclusions de Warner sont analogues (fermier, petit cadre, homme d'affaires). Selon ses enquêtes, 9 % seulement des hommes très importants sont fils de fermier, et 35 % sont petits-fils de fermier.

2. Les enquêtes sur la réussite sociale font apparaître que les familles fournissant le plus fort pourcentage de réussites à la génération suivante sont situées dans les milieux professionnels qui ne sont pas les plus riches. En France, ce sont les familles de militaires et d'instituteurs. L'enquête de Claude Lévy-Leboyer (*L'Ambition professionnelle et la Mobilité sociale,* PUF, 1971) établit que les groupes sociaux les plus « mobilogènes » (où l'incitation à l'ascension sociale est particulièrement forte) sont ceux qui sont dans des situations de déséquilibre par rapport à l'évolution technique, économique, sociale. Ainsi, en France, en 1964, l'ambition et le désir de mobilité ascendante apparaissaient principalement chez les jeunes issus de familles appartenant aux milieux suivants : chauffeurs routiers, membres de l'armée et de la police, commerçants, enseignants. Dans la suite de la carrière, l'ambition apparaît liée surtout à un milieu professionnel anxiogène, à l'expérience du risque et de l'insécurité. En France, 4,4 % des élèves des grandes écoles sont fils d'instituteurs.

isolable et qui influe sur les motivations à l'égard de l'instruction. Ce qui est sûr, c'est que le niveau d'instruction joue un rôle important dans l'accès à tel ou tel niveau de la hiérarchie, et qu'il y a en particulier un lien évident entre la durée des études et le revenu perçu en moyenne par les individus [1].

Parmi les mécanismes de sélection, Sorokin cite les institutions professionnelles qui peuvent faire un tri pour leur recrutement et pour les avancements, et aussi les passerelles d'une profession à une autre. Il faudrait ajouter tous les mécanismes de l'éducation permanente.

La régulation de la montée ou de la descente dans les hiérarchies est liée non seulement à des canaux et à des « tamis », mais aussi à des facteurs divers, les uns généraux — tels que le facteur démographique (vide social dans les échelons où les taux de fécondité sont bas [2]), la différence entre les générations (le mode de vie des gens arrivés pouvant avoir, selon Sorokin, une influence négative sur les descendants, et, d'autre part, les aptitudes n'étant pas nécessairement héréditaires), le changement dans l'envi-

1. Voir à ce sujet l'étude de Praderie, Salais et Passagez (*op. cit.*). On peut classer les professions en quatre groupes, selon la durée des études faites par ceux qui les exercent : 1. ouvriers et agriculteurs études moyennes jusqu'à 13 ans et demi; 2. groupe le plus important avec trois sous-groupes : *a.* ouvriers qualifiés, commerçants, artisans — études jusqu'à 14 ans et demi, *b.* contremaîtres, sous-officiers, employés - études jusqu'à 15 ans, *c.* industriels, gros commerçants, cadres moyens - études jusqu'à 16 ans et demi, 3. cadres supérieurs, instituteurs, ingénieurs — études jusqu'à 19 ans et demi; 4. professeurs et professions libérales études jusqu'à 24 ans. Quant au rapport entre durée des études et revenu salarial (traitement perçu), on note que jusqu'à 14 ans l'âge de fin d'études n'influe pas sur le niveau des revenus. Celui-ci augmente quand l'âge de fin d'études varie de 14 à 15 ans, puis marque un palier pour la fin d'études entre 16 et 17 ans, puis devient, au-delà, étroitement lié à la durée des études (au-delà de 18 ans, chaque année supplémentaire d'étude confère une qualification importante).

2. Voir à ce sujet l'étude de Bourdieu et Dardel dans le livre de Darras, *Le Partage des bénéfices* (Éditions de Minuit, 1966).

ronnement social (guerres, industrialisation, etc.) les autres locaux ou temporaires (défectuosités du système de filtrage qui peuvent même aboutir à des révolutions, etc.). On peut ajouter aussi un grand nombre de facteurs ou de filières de mobilité qui sont plus ou moins secondaires ou aberrants dans le système global, mais dont il faut tenir compte. C'est le cas, par exemple, pour les jeux d'argent, qui peuvent, sur une échelle réduite, redistribuer les chances, ou, en tout cas, donner l'illusion qu'on peut avoir une chance de mobilité soudaine. C'est le cas aussi pour la carrière des vedettes, notamment celles de la chanson, qui atteignent les sommets dans les hiérarchies du prestige et de l'argent, sans emprunter les chemins longs et difficiles qui mènent au succès dans les professions traditionnelles. Plus généralement, les communications de masse (surtout la télévision) sont de plus en plus les instruments qui consacrent ou même confèrent le prestige au plus haut niveau, ce qui peut introduire d'importantes distorsions dans le système de la mobilité sociale, et plus encore dans la représentation que le public s'en fait [1]. Un des aspects du système de circulation sur lequel ont porté de nombreux travaux est celui qui est lié à l'urbanisation. Les renseignements sont, à ce sujet, largement concordants [2]. Par exemple, dans l'enquête dirigée en France par A. Girard, on constate que le pourcentage des personnes étant parvenues à une certaine réussite sociale est proportionnel à la taille de l'agglomération d'où elles sont originaires [3]. Plus généralement, la

1. Cf. J. Cazeneuve, *La Société de l'ubiquité* (Denoël, 1972), 6ᵉ partie.

2. Lipset et Bendix, *Social Mobility in Industrial Society* (University of California Press, 1959), p. 204 s.

3. A. Girard, *op. cit.* Ces pourcentages sont les suivants :

Villes de moins de 2 000 habitants		1,5	pour 10 000
Villes de 2 000 à 20 000	–	3,7	– –
Villes de 20 000 à 100 000	–	9,3	– –
Plus de 100 000	–	11,1	– –
Paris		18,4	

mobilité ascendante croît avec le degré d'urbanisation, surtout pour les classes inférieures (ouvrières) et supérieures. Mais il y a des exceptions pour les catégories professionnelles non bureaucratiques, les emplois isolés et les professions libérales. Par ailleurs, on constate que les gens de la classe moyenne élevés dans les petites villes réussissent aussi bien ou mieux que ceux des grandes villes, sans doute parce que le milieu de cette classe y est plus fermé et incite davantage à garder ou améliorer son rang. La mobilité descendante (fils de non-manuels devenant manuels) est plus grande pour ceux dont la communauté d'orientation (c'est-à-dire l'agglomération où l'individu a passé les 10 premières années de sa vie) est une grande ville. Les avantages de mobilité (c'est-à-dire la tendance à monter) acquis par les fils de manuels dans les grandes villes ne se maintiennent qu'à condition qu'ils restent dans une grande ville. Le fait le plus important et le plus universel est que les « immigrants » (venant de la campagne ou de petites villes) qui vivent dans les grandes villes ont, à classe d'origine égale, moins de mobilité ascendante que ceux qui y sont nés [1]. D'autre part, les enquêtes montrent que la taille de la communauté d'orientation a plus d'influence sur l'orientation professionnelle des enfants des travailleurs manuels que sur celle des enfants de non-manuels. En définitive, les grandes villes favorisent surtout l'ascension sociale pour les ouvriers qui y sont nés.

1. Selon Lipset, la plus grande division du travail et le plus grand nombre d'emplois manuels, ainsi que le plus faible taux de naissances dans les grandes villes expliquent que la mobilité ascendante y soit plus élevée. Et si les gens nés dans ces grandes villes en profitent mieux que les immigrants, c'est parce qu'ils y ont plus de chances de s'instruire, d'être au courant des emplois et ont un horizon plus large, des motivations plus grandes et davantage l'expérience d'une adaptation aux changements requis par la mobilité professionnelle.

4. Conséquences de la mobilité verticale

On conçoit que le fait, pour un individu ou pour un ensemble de personnes, de changer de statut puisse en modifier le comportement. Comme le remarque Lipset, les effets de la circulation sociale varient suivant les systèmes hiérarchiques, d'autant plus qu'ils sont souvent déterminés par les décalages entre les diverses stratifications, lorsque par exemple quelqu'un monte dans l'échelle des revenus sans progresser dans celle du prestige, se trouvant ainsi propulsé dans une catégorie où il n'est pas accepté. C'est le cas bien connu du « parvenu [1] ». Le changement de situation a aussi pour effet de rompre ou de distendre les relations de l'individu avec la classe sociale qu'il abandonne. En particulier, il peut arriver que la mobilité ascendante ou descendante exerce un effet de désagrégation sur la famille qui, en général, tend à maintenir le statut d'une génération à l'autre, et surtout à éviter la descente sociale. Celle-ci est souvent durement sanctionnée par les groupes primaires [2]. Sorokin a signalé d'autres conséquences possibles de la mobilité verticale, notamment le danger que comporte un mauvais fonctionnement des

1. Selon F. Bouriez-Gregg (*Les Classes sociales aux États-Unis*, A. Colin, 1954, p. 157 s.), le statut social est plus étroitement lié au statut économique en Amérique qu'en Europe, de sorte que le mérite sanctionné par la montée sociale y est plus aisément accepté.

2. Dans les sociétés modernes mobiles, l'échec est plus difficile à accepter que dans les sociétés immobiles parce que la mobilité rend l'individu plus responsable de son statut. Selon Lipset, il y a des mécanismes compensateurs, notamment celui qui consiste à reporter l'ambition sur les enfants.

mécanismes de sélection et l'avantage, s'ils fonctionnent bien, d'attribuer à chacun la place où il sera le plus efficace, ce qui contribuerait à la prospérité générale. Il indique aussi que l'excès de mobilité peut conduire à l'instabilité, à la précarité du modèle culturel, au nivellement des cultures par suite du brassage, à l'extension excessive et, par suite, au relâchement des liens de solidarité, à l'apaisement des antagonismes de classes, au nivellement des opinions, à l'individualisme, au cosmopolitisme.

Des études plus précises ont été faites au sujet des conséquences sur les orientations politiques [1]. D'une manière générale, la mobilité, selon Lipset (peu en accord sur ce point avec Sorokin), engendre des frustrations qui conduisent à des positions extrêmes de droite ou de gauche, à moins que les tensions internes chez l'individu ayant changé de catégorie ne le conduisent à l'abstentionnisme. Cela serait vrai principalement dans les pays où les « parvenus » ont du mal à s'assimiler à la classe plus élevée qu'ils ont atteinte. Une enquête de Zetterberg en Suède [2] montre que ceux qui passent de la catégorie professionnelle manuelle à la catégorie non manuelle sont moins portés à des opinions de gauche lorsqu'ils acquièrent les modes de vie et de consommation de la classe à laquelle ils ont accédé. Des enquêtes faites en Allemagne et en Finlande indiquent que les personnes ayant subi au contraire une mobilité descendante sont en majorité ou bien apolitiques, ou bien attachées aux opinions de la catégorie (plus élevée)

1. Ioan Davies, *Social Mobility and Political Trends* (Mac Millan, 1970).

2. Lipset et Zetterberg, « A theory of social mobility », in L. A. Coser et B. Rosenberg, *Sociological Theory* (Mac Millan, 1964). Dans le cas de non-mobilité, les manuels issus de manuels votent de la même façon (85 à 86 % socialistes) s'ils ont ou n'ont pas une voiture. Par contre, dans le cas de mobilité, les non-manuels issus de manuels votent socialiste à 63 % s'ils n'ont pas de voiture et seulement à 26 % s'ils en ont une.

qu'ils ont quittée. Selon Tumin, qui se fonde sur la comparaison entre plusieurs études, les personnes ayant réalisé une ascension vers la classe moyenne sont, aux États-Unis, plus conservatrices que les personnes nées et restées dans cette classe, tandis qu'en Europe c'est l'inverse. Par contre, les effets de la mobilité descendante sont les mêmes en Europe et en Amérique, c'est-à-dire que partout, par exemple, les fils de non-manuels devenus ouvriers sont, en moyenne, moins à gauche que les ouvriers fils d'ouvriers. Ce problème a été par la suite et sur de nouvelles bases repris par Lopreato [1] intrigué par le fait qu'en Italie les statistiques semblent, contrairement aux remarques de Zetterberg en Suède, révéler que s'il y a bien une corrélation entre style de vie et orientation politique, elle est la même chez les « mobiles » et chez les « immobiles ». En d'autres termes, la liaison entre consommation élevée et conservatisme n'y est pas plus forte chez les fils d'ouvriers entrés dans la classe moyenne que chez les personnes nées et restées dans cette classe. Lopreato remarque en outre que les nouveaux venus dans la classe moyenne se placent surtout dans la partie inférieure de cette classe, ce qui explique qu'en Europe au moins leur attitude soit moins conservatrice que celle de l'ensemble de cette classe.

En réalité, selon les résultats de l'enquête faite par Lopreato, ce qui influence le comportement politique des « mobiles » et les distingue le plus des « immobiles », ce n'est pas tant le mode de vie et de consommation que la conscience qu'ils ont d'être acceptés ou non dans la classe à laquelle ils ont réussi à accéder. L'enquête montre d'abord que les nouveaux venus (fils d'ouvriers ou anciens ouvriers parvenus dans la classe moyenne) sont plus sensibles aux

1. Joseph Lopreato, « Upward social mobility and political orientation », *American Sociological Review* (32, nº 4, 1965), p. 586 s. et « Social mobility in Italy », *American Journal of Sociology* (juillet-novembre 1965), p. 311 s.

barrières entre classes que les anciens (nés et restés dans la classe moyenne). Voici en pourcentage la répartition des réponses à la question : « Selon vous, est-ce que ceux qui appartiennent à une classe sociale tendent à avoir peu de relations avec ceux des autres classes? » :

	Anciens dans la classe moyenne	*Nouveaux venus*
Oui	57	68
Non	43	32

D'autre part, plus on perçoit ces barrières, moins on est conservateur. Mais, par ailleurs, parmi ceux qui perçoivent ces barrières, l'orientation est en moyenne la même, qu'on soit ancien ou nouveau dans la classe sociale. Cela signifie que si les nouveaux venus (sortis de la classe ouvrière) sont, en Italie, plus à gauche que les anciens de la classe moyenne, ce n'est pas simplement parce qu'ils ont « monté » mais c'est parce qu'en tant que « parvenus » ils sont plus sensibles aux barrières de classes que les gens nés et élevés dans la classe moyenne [1]. Et cela se produit vraisemblablement quand ils ne se sentent pas bien acceptés par leur classe d'adoption. D'où l'idée que les différences notées par Tumin entre l'Europe et l'Amérique au sujet des orientations des « mobiles », viendraient probablement du fait que dans le Nouveau Monde les catégories sont moins fermées et qu'on y accueille mieux les « parvenus ». Et si, aux États-Unis, les nouveaux venus dans la bourgeoisie

1. Orientation politique selon la réponse à la question concernant l'existence de barrières entre classes (en pourcentages) :

Orientation politique	*Répondent oui à la question*	*Répondent non*
Gauche	73	40
Conservateurs	27	60

sont même en moyenne plus conservateurs que les anciens, c'est parce que leur volonté de s'intégrer les pousse à rivaliser avec les anciens, à « en rajouter [1] ».

En ce qui concerne les effets psychologiques, voire psychopathologiques de la mobilité verticale, Sorokin soutient, en se fondant sur des statistiques difficilement comparables, qu'il y a une corrélation entre le taux de mobilité et celui des maladies mentales. Tumin rapporte les résultats d'une enquête assez fragmentaire indiquant une corrélation entre mobilité ascendante et névrose. D'autres auteurs ont insisté sur les troubles consécutifs soit à un échec dans une tentative pour s'élever dans la hiérarchie, soit aux efforts pour réaliser une ascension difficile [2].

5. Les contextes

Causes, processus et conséquences de la mobilité ne sont compréhensibles, en définitive, qu'en fonction du système global des hiérarchies qui, lui-même, doit être mis en relation avec les structures et les orientations d'une société donnée [3]. Le minimum de mobilité verticale s'observerait soit dans une société purement égalitaire (si elle pouvait exister), puisque tous les statuts y seraient par hypothèse au

1. A ce propos, Lopreato renvoie à la fameuse analyse de l'*American Dream* qui pousse les individus à rechercher l'ascension sociale et à vouloir conserver l'ordre social qui leur a permis de s'élever (selon Merton).
2. Leonard Reisman, *Les Classes sociales aux États-Unis* (PUF, 1963), p. 364 s.
3. Voir une étude des principaux contextes de la stratification dans le livre de James Littlejohn, *Social Stratification* (Allen et Unwin, 1972).

même niveau, soit à l'inverse dans une société aux hiérarchies figées et héréditaires dont l'exemple le plus approché est donné par le système des castes, tel qu'il existait dans l'Inde ancienne. Entre ces deux extrêmes, la mobilité et les hiérarchies peuvent présenter des aspects fort divers.

Dans les sociétés modernes, industrielles et à idéal démocratique, les strates et les classes sociales ne sont pas institutionnelles mais se présentent comme des hiérarchies de fait, et la mobilité verticale n'y est évidemment pas en réalité ce qu'elle est selon le droit, car la répartition des statuts selon les mérites y est entravée, comme on l'a vu, par l'inégalité des chances due à la naissance et à l'éducation en particulier.

Ce qui est certain, c'est que la mobilité verticale, et surtout la mobilité ascendante sont plus grandes dans les sociétés industrielles que dans les sociétés pré-industrielles, ainsi que le montrent les études de Carlsson [1]. Mais à l'intérieur même du monde moderne industrialisé, il est difficile de trouver une corrélation évidente entre le degré de mobilité verticale et le degré d'industrialisation. Comme l'écrit R. Boudon, « les comparaisons internationales portant sur des pays inégalement développés ne conduisent pas à des résultats compatibles avec l'hypothèse d'une évolution linéaire de la mobilité ». Par exemple le tableau établi par Dahrendorf (1957) montre que l'inertie sociale (tendance à l'autorecrutement) dans les professions de niveau élevé va en décroissant quand on passe d'Allemagne en Italie, puis aux États-Unis, en France et en Grande-Bretagne, ce qui ne correspond pas à un état d'industrialisation croissant de l'un à l'autre de ces pays, comme voudrait le croire ce même auteur. L'étude classique de Lipset et Bendix en 1959 a montré qu'il n'y a pas moins de mobilité

1. G. Carlsson, *op. cit.*

en Europe qu'aux États-Unis, mais qu'il serait tout de même faux de croire que cette mobilité peut diminuer quand l'industrialisation progresse. Voici par exemple le tableau comparatif qu'ils établissent au sujet de la mobilité (entre catégorie manuelle et catégorie non manuelle) d'après les documents du milieu du xxe siècle :

	Mobilité ascendante	*Mobilité descendante*	*Mobilité totale*
États-Unis	33	26	30
Allemagne	29	32	31
Suède	31	24	29
Japon	36	22	27
France	39	20	27
Suisse	45	13	23

Selon ces auteurs, dans l'ensemble des pays modernes, un quart ou un tiers de la population non agricole passe en moyenne de la classe ouvrière à la classe moyenne, ou vice versa.

En Italie, Livio Livi [1] avait trouvé une mobilité ascendante bien plus faible qu'ailleurs ; mais ces résultats ont été démentis par une étude plus récente de Lopreato [2]. Pour des raisons déjà énoncées, il est très difficile de comparer les données sur la mobilité recueillies dans différents pays [3].

1. Livio Livi, « Sur la mesure de la mobilité sociale », *Population* (janvier-mars, 1950).

2. Lopreato, « Social mobility in Italy » (*op. cit.*).

3. Voir entre autres, les ouvrages suivants, *Rapport du congrès de Liège de l'Association internationale de sociologie* (1963) (concernant de nombreux pays) ; Anselm L. Strauss, *The Contexts of Social Mobility* (Aldine, Chicago, 1971) (sur les États-Unis) ; David Glass, *Social Mobility in Britain* (Routledge, 1967) ; Constantin Mugesco, « Influence de l'industrialisation sur la mobilité sociale », *Revue roumaine des sciences sociales* (tome 11, n° 1, 1967), p. 33-44.

Une des meilleures études comparatives est celle qu'a réalisée S. M. Miller [1]. Parmi ses conclusions, relevons que les taux de mobilité ascendante lui paraissent élevés en France et aux États-Unis, mais plus faibles en Italie et en Finlande et que les taux de mobilité descendante sont élevés en Grande-Bretagne et dans les Pays-Bas, mais faibles en Allemagne de l'Ouest, aux États-Unis et en France. Aux États-Unis et en URSS, on note un faible indice de sortie des élites et, par contre, une relativement forte entrée des fils de manuels dans la catégorie supérieure. Enfin, dans l'ensemble, les taux de mobilité de la catégorie manuelle à la catégorie non manuelle varient assez peu selon les pays, tandis que les taux de mobilité des diverses catégories manuelles ou non manuelles vers l'élite varient très nettement [2].

Dans l'ensemble, cependant, toutes ces comparaisons restent incertaines. On peut toutefois conclure avec certitude que la mobilité sociale a un caractère différent depuis que l'industrialisation a bouleversé la structure d'ensemble des hiérarchies sociales, et qu'elle y est soumise à un ensemble complexe de facteurs solidaires les uns des autres. Une société mobile peut difficilement avoir des hiérarchies figées.

La mobilité socale, on le voit, est donc encore imparfaitement connue, non pas tant à l'intérieur des différentes

1. S. M. Miller, « Comparative social mobility », *Current Sociology* (vol. 9, n° 1, 1960), p. 1-89.

2. C'est en tenant compte de ce dernier élément que S. Miller classe en quatre catégories les pays retenus dans son étude comparative : *a.* forte mobilité descendante des non-manuels et forte mobilité ascendante des manuels (Danemark, Grande-Bretagne, Suède, Australie, etc.); *b.* forte mobilité descendante des non-manuels et faible mobilité ascendante des manuels (Hongrie, Italie, Japon, Pays-Bas, Norvège, Allemagne fédérale); *c.* faible mobilité descendante des non-manuels et forte mobilité ascendante des manuels (France, États-Unis, Belgique, Brésil, URSS); *d.* faible mobilité descendante des non-manuels et faible mobilité ascendante des manuels (Finlande).

sociétés globales que dans leurs rapports entre elles. Il faudrait une standardisation dans les recherches à l'échelon international pour que les comparaisons puissent être faites avec une exactitude suffisante.

Il est dommage qu'on ne puisse avoir une idée du taux de mobilité dans les différents pays, car il serait intéressant de savoir dans quelle mesure ce taux peut être mis en corrélation avec divers facteurs économiques, politiques, sociaux. La mobilité, en tout cas, constitue une caractéristique importante de chaque collectivité. La mobilité de carrière révèle le degré d'initiative laissé aux individus au cours de leur existence pour subir ou modifier leur destin social. La mobilité intergénérationnelle permet de mesurer la rigidité ou la flexibilité des structures, puisqu'en définitive la force d'inertie, en ce domaine, s'exerce au profit d'une transmission héréditaire des statuts. Sous ses deux formes principales, donc, la mobilité verticale est un indicateur incomparable pour le sociologue, puisqu'elle le renseigne sur le rapport entre la contrainte sociale et la liberté de la personne à propos d'un des aspects importants du phénomène social qui est celui des structures hiérarchiques.

Bibliographie

Andorka, « Mobilité en Hongrie », *Revue française de sociologie*, supplément nº 13, 1972.

Bertaux D., « Sur l'analyse des tables de mobilité sociale », *Revue française de sociologie*, octobre-décembre 1969.

Boudon R., *L'Inégalité des chances*, A. Colin, 1973.

— « Essai sur la mobilité sociale en utopie », *Quality and Quantity*, IV, nº 2, Bologne, Il Mulino, 1970.

— « Éléments pour une théorie formelle de la mobilité sociale », *Quality and Quantity*, V, nº 2, 1971.

Bourdieu P. et Passeron J. C., *Les Héritiers*, Paris, Éditions de Minuit, 1964.

Cappecchi V., « Problèmes méthodologiques dans la mesure de la mobilité sociale », *Archives européennes de sociologie*, VIII, n° 2.

Carlsson G., *Social Mobility and Class Structure*, Suède, C. W. K. Gleerup, 1969.

Castel R. et Passeron J., *Éducation, Développement et Démocratie*, Paris, Mouton, 1967.

Davies I., *Social Mobility and Political Trends*, New York, Mac Millan, 1970.

Delruelle N., *La Mobilité sociale en Belgique*, Bruxelles, Édition de l'Institut de sociologie de l'Université libre, 1970.

Desabie J., *La Mobilité sociale en France*, SEDEIS, étude n° 641, 1er novembre 1955.

Girard A., *La Réussite sociale en France*, Paris, PUF, 1961.

— *La Réussite sociale*, Paris, PUF, 1967.

Girod R., *Mobilité sociale*, Genève, Droz, 1971.

Glass D., *Social Mobility in Britain*, Routledge, 1954.

Isambert-Jamati V., *Crises de la société, crises de l'enseignement*, Paris, PUF, 1970.

Lévy-Leboyer, *L'Ambition professionnelle et la Mobilité sociale*, Paris, PUF, 1971.

Lipset et Zetterberg, « A theory of social mobility », in L. A. Coser et B. Rosenberg, *Sociological Theory*, New York, Mac Millan, 1964.

Livi L., « Sur la mesure de la mobilité sociale », *Population*, janvier-mars 1950.

Lopreato J., « Upward social mobility and political orientation », *American Sociological Review*, 32, n° 4, 1965.

— « Social mobility in Italy », *American Journal of Sociology*, juillet-novembre 1965.

Miller S. M., « Comparative social mobility », *Current Sociology*, vol. 9, n° 1, 1960.

Mollo S., *L'École dans la société*, Paris, Dunod, 1969.

Reisman L., *Les Classes sociales aux États-Unis*, Paris, PUF, 1963.

Sorokin P., *Social and Cultural Mobility*, New York, Free Press, 1927.

Strauss A. L., *The Contexts of Social Mobility*, Chicago, Aldine, 1971.

Tugault Y., *La Mesure de la mobilité*, Paris, PUF, 1973.

Conclusion

Au terme de notre investigation à travers quelques notions débouchant sur des analyses sociologiques et recelant parfois des difficultés d'interprétation, quelques conclusions paraissent s'imposer.

D'abord, si le choix de ces concepts peut sembler arbitraire (et quel autre choix ne le serait pas à quelque autre titre?), il s'est peut-être (nous l'espérons du moins) révélé propre à mettre en évidence des articulations essentielles et des points de recoupement (provoquant d'inévitables redondances).

Dans la première partie, consacrée aux formes et aspects des sociétés et des phénomènes sociaux, on a pu remarquer qu'en définitive aucune classification n'est immuable en cette matière, et que la théorie et la recherche s'épaulent mutuellement, ou plutôt qu'elles se remettent en question l'une par l'autre. La sociologie, dès qu'elle veut faire l'inventaire de ses objets, est contrainte d'avouer qu'elle n'est pas et ne peut pas être une science comme les autres, qu'elle diffère en tout cas de façon fondamentale des sciences de la nature. Quelle que soit la confiance qu'on accorde au déterminisme dans les affaires humaines, et même si l'on tient la conscience pour un épiphénomène, on est bien obligé de constater que l'individu joue ici un rôle indéniable et que les groupes humains ont une plasticité, une faculté de se déstructurer ou de se restructurer, qui, selon la forte observation de Georges Gurvitch, conduit, tout au moins en sociologie, à employer le mot déterminisme au pluriel. Ainsi, les types sociaux sont toujours plus ou moins construits et ne peuvent pas être pris pour des données comme le sont les genres et les espèces en biologie, en zoologie, en botanique. De la même façon, les régularités, les convergences, les corrélations fonctionnelles qu'on observe entre les cadres et les phénomènes sociaux ne sont pas rigoureusement assimilables aux lois de la physique, de la chimie, de la cosmologie. La liberté, en ce sens, reste une dimension irréductible que la sociologie doit prendre en compte si précisément elle veut être une science à sa manière. Elle peut garder cette prétention, et se condamnerait même à l'insignifiance si elle l'abandonnait. Elle est une science humaine, elle est le prototype des sciences humaines, ce qui veut dire que le sociologue maîtrise les phénomènes qu'il étudie non point en les dépouillant de leur singularité, mais en les ordonnant et en dégageant leur signification. Cela suppose, bien évidemment, un pari, à savoir que les phénomènes sociaux ne sont pas totalement absurdes et aléatoires. La liberté s'exerce dans un devenir qui n'est peut-être pas programmé, mais qui n'est pas fortuit parce qu'il est compréhensible. En faut-il conclure que l'histoire a un sens? Oui, certainement, mais cela ne conduit pas obligatoirement à affirmer que ce sens est donné à l'avance et intégralement prévisible.

La seconde partie du livre est présentée comme une illustration de cette conception de la sociologie. D'abord, la notion de rôle a révélé toute la souplesse que l'individu pouvait donner au cadre statutaire qui dessine sa place dans la collectivité. Jouer un rôle, certes, ce n'est pas uniquement être soi-même, puisque c'est se conformer à une certaine image qu'on donne de soi aux autres; mais c'est en même temps s'affirmer dans le réseau des relations interindividuelles, c'est choisir telle ou telle interprétation du statut qu'on a reçu ou accepté. D'une toute autre façon, mais avec des conséquences analogues, l'étude de la mobilité sociale, après celle de la stratification ou des hiérarchies de classes, fait bien voir qu'une société est d'autant plus vivante qu'elle laisse aux personnes une possibilité de se déplacer à l'intérieur des structures. Et cette considération nous fait retrouver des dialectiques déjà entrevues dès le premier chapitre entre l'indispensable organisation de toute société globale et les possibilités de débordement que conserve la vie collective.

Ainsi la sociologie, pour rester conforme à sa mission de science humaine, doit user à la fois des concepts qui figent ou fixent ses points de vue et de ceux qui la rendent sensible aux dynamismes, à la spontanéité, à la liberté. Sans s'aventurer sur le terrain philosophique, qui n'est pas le sien, ou plus exactement afin de ne pas s'y fourvoyer, le sociologue doit se garder de parier sur l'absurdité du phénomène humain ou inversement sur sa totale prévisibilité. Il doit classer, comparer, rationaliser, mais en ayant à sa disposition des notions qui permettent de prendre en compte aussi bien les situations acquises que le jeu particulier dans ces situations. Il est vrai que les sociétés sont elles-mêmes diverses, de ce point de vue. Les unes sont presque solidifiées, tout au moins à certains moments, et leur analyse s'inscrit plutôt dans les schémas commandés par les notions classificatrices. Les autres sont plus ouvertes au changement ou bien aux initiatives individuelles et, pour les saisir, le sociologue utilisera volontiers les notions chargées de dynamisme.

En tout cas, ces notions elles-mêmes, tout en conservant leur fonction de régularisation du discours, évolueront, s'enrichiront au fur et à mesure que la sociologie poursuivra sa marche en respectant l'originalité de son objet de recherche qui, en même temps, est le sujet de la connaissance puisque c'est l'homme.

Crédit bibliographique

Chapitre 2, *Encyclopedia Universalis*, Paris, 1968, vol. 4, p. 586-590.
Chapitre 3, *Ibid*, p. 913-917.
Chapitre 4, *La Sociologie et les Sciences de la société*, Paris, Édit. Retz, 1975, p. 533.
Chapitre 5, *Encyclopaedia Universalis*, Paris, 1968, vol. 2, p. 274-279.
Chapitre 6, *Encyclopaedia Universalis*, Paris, 1970, vol. 6, p. 829-831.
Chapitres 8 et 10, *La Sociologie et les Sciences de la société*, *op. cit.*, p. 247 s.
— *La Sociologie*, Paris, Denoël - CEPL, 1970, p. 454 s.
Chapitre 9, *Encyclopaedia Universalis*, Paris, 1968, vol. 4, p. 593-596.

Index

Aliénation, 62, 63.
Animisme, 107.
Anomie (anomique), 96.
Bureaucratie, 27.
Cadres sociaux, 60, 61, 68, 69, 71, 73, 76, 88.
Capitalisme (capital), 17, 25, 40, 63, 72, 87, 89, 91, 93, 162, 189, 193, 200.
Caste(s), 96, 138, 150, 158, 161, 178, 184, 186, 188, 189, 191.
Catégorie(s) sociale(s), 8, 150, 207, 222, 236.
Civilisation, 8, 9, 15, 29, 31, 32, 34, 37, 42, 47, 48, 80, 85, 102, 123, 125, 184.
Civilisation industrielle, 50, 86.
Clan, 15, 20, 47, 184.
Classes (lutte de), 57, 76, 156, 176, 195, 201, 202, 204, 212.
Classes sociales, 9, 16, 18, 39, 61, 66, 69, 131, 150, 155, 173, 175, 178, 184, 199, 200, 203, 206, 212.
Classification, 239.
Communication de masse, 227.
Comportements (sociaux), 96, 136, 137, 142, 177, 208, 229.
Conflit, 168.
Connaissance (sociologie de la), 50, 51, 55, 56, 60, 61, 66, 73, 88.
Conscience collective, 20.
Conscience de classe, 157, 192, 202, 204, 211.
Contrôle social, 21, 22.
Croyances, 34, 59, 61, 107, 108, 117, 187.
Culture, 9, 20, 32, 34, 35, 36, 44, 56, 75.
Culture de masse, 65, 193.
Développement, 103.
Dialectique, 86, 156.
Épistémologie, 60, 61.
État, 25, 26, 85.
Évolution, 48, 56, 81, 126, 128, 129, 199.
Évolutionnisme, 8, 64, 117, 122, 124, 125, 128.
Famille, 17, 19, 141, 186, 187, 216, 222, 223, 229.
Fonction (fonctionalisme), 154, 155, 163, 167, 168.
Groupes — Groupements, 8, 14, 17, 18, 21, 25, 131, 137, 139, 222, 239.
Hiérarchie, 20, 148, 151, 153, 155, 156, 167, 173, 175, 180, 183, 184, 188, 189, 196, 206, 209, 226, 233, 235.
Histoire, 99, 105, 157.
Historicité, 9, 81.
Idéologie, 26, 39, 44, 56, 61, 63, 66, 67, 69, 75, 171.

Idéaux, 43, 65, 66, 139.
Inconscient collectif, 114, 115.
Individus, 21, 131, 136, 139, 158, 187, 215, 239.
Institutions, 21, 22, 42.
Lois, 34.
Massification, 25.
Matérialisme historique, 39.
Marxisme, 56, 61, 63, 155s., 201s.
Mana, 187.
Machinisme, 40.
Mentalité, 68.
Mentalité (primitive), 32, 58, 99, 108, 109, 117, 118.
Mythologie — Mythes, 111, 112, 115.
Mobilité sociale, 8, 9, 145, 149, 155, 184, 191, 196, 215, 216, 218, 220, 222, 227, 229, 230, 241.
Modèle, 92, 166.
Nation, 15, 16, 18.
Nature, 20, 21.
Nominalisme, 205, 208.
Ordre, 190, 191.
Organisation (sociale), 14, 15, 17, 18, 20, 21, 24, 80, 135.
Organisme, 25, 26, 28, 29.
Participation, 18, 19, 58, 110.
Pensée sauvage, 114, 115.
Peuples, 15, 25.
Phénomène social, 80, 85, 88, 249.
Phénomène social total, 82, 84.
Potlatch, 187, 188.
Pouvoir, 169, 171, 173, 175, 177, 178, 187, 188, 190, 191.
Prestige, 139, 145, 169, 173, 176, 178, 181, 188, 191, 196, 207, 227.
Production (rapports de), 16, 62, 122; (moyens de), 25, 156, 157; (systèmes de), 156, 173.
Progrès, 47, 217.
Psychodrame, 146.
Réalité sociale, 31.
Religion, Religieux, 42, 44, 69, 93, 96.
Représentations (collectives), 58, 108, 109.
Rites, 111.
Rôles, 8, 9, 21, 73, 135, 138, 140, 146, 239, 240.
Socialisme, 25, 194, 195.
Sociétés, 8, 9, 25, 35, 60, 61, 106, 125; archaïques, 8, 9, 15, 83, 96, 100, 115, 117, 139; patriarcales, 83; classiques, 47; féodales, 17, 70, 83, 101; dirigistes, 17, 84; industrielles, 25, 211, 225, 233; démocratico-libérales, 83; techno-bureaucratiques, 17, 83; prométhéennes, 9, 15, 43, 83, 99, 105, 106, 117.
Société globale, 8, 14, 15, 16, 18, 21, 22, 25, 48, 61, 69, 70, 72, 82, 86, 129, 137, 204, 210, 213, 237, 241.
Statuts, 8, 9, 21, 135, 136, 138, 140, 146, 158, 162, 173, 178, 196, 215, 233, 239.
Strates, 8, 9, 131, 139, 145, 149, 150, 178, 181, 196.
Stratification (sociale), 148, 149, 151, 154, 156, 158, 164, 168, 171, 173, 178, 183, 184, 191, 193, 196, 199, 202, 207, 215.
Structures, 14, 16, 41, 69, 74, 115.
Super-structures, 40, 44.
Symboles, 143.
Systèmes, 20, 40, 51, 70, 86, 135, 137, 151, 158, 184.
Tabou, 21.
Technique, 38.
Technologie, 126.
Tribu, 15, 20, 186.

Types construits, 94, 97; idéaux, 48, 81, 82, 88, 89, 90, 93, 188; sociaux, 240.
Typologie, 16, 19, 70, 74, 80, 81, 88, 97, 100, 173, 178, 180, 202.
Urbanisation, 37, 38, 228.
Urbaine (révolution), 37.
Valeurs, 25, 43, 137, 150, 162, 163, 166, 172.

Table

Avant-propos 7

1. Les sociétés

1. Organisation sociale 13

1. Les formes et les espèces d'organisations 14
2. Évolution et fonctionnement 20
3. L'organisation sociale et ses tendances actuelles . . 24

Bibliographie 29

2. Civilisation 31

1. Le contexte culturel 32
2. Critères 35
3. Typologie et phénomenologie des civilisations . . 47

Bibliographie 52

3. Sociologie de la connaissance 54

1. Origines et étapes 55
2. Le relativisme et le sociologisme 57
3. Idéologie et connaissance 61
4. Connaissance et cadres sociaux 68
5. Rôles sociaux et diffusion du savoir 73

Bibliographie 76

4. Typologie 80

1. La typologie de Gurvitch 81
2. La typologie de Max Weber 88
3. Les types construits 94
Bibliographie 98

5. Archaïsme 99

1. Les critères de l'archaïsme 100
2. De l'archaïsme à la civilisation prométhéenne . . 106
3. Les manifestations de la mentalité archaïque . . 116
Conclusion 119
Bibliographie 120

6. Évolutionnisme (culturel et social) 122

1. L'évolutionnisme unilinéaire 123
2. Difficultés et assouplissements 128
Bibliographie 131

2. Le fonctionnement des sociétés

7. Rôle et statut 135

Bibliographie 147

8. Stratification 148

1. Délimitation du problème 150
2. Les théories de la stratification 154
3. Les types de stratification 173
4. Les stratifications dans les divers contextes sociaux . 184
Conclusion 196
Bibliographie 197

9. Classes sociales 199

1. La conception réaliste 200
2. La conception nominaliste et les recherches empiriques 205
3. Utilité de la notion 211

Bibliographie 213

10. Mobilité sociale (verticale) 215

1. Diverses sortes de mobilité 215
2. Les tables de mobilité 218
3. Facteurs et processus de la mobilité verticale . . . 221
4. Conséquences de la mobilité verticale 229
5. Les contextes 233

Bibliographie 237

Conclusion 239
Crédit bibliographique 242
Index 243

IMP. BUSSIÈRE, SAINT-AMAND (9-87)
D. L. 3e TR. 1976. N° 4466-4 (2236)

Collection Points

1. Histoire du surréalisme, *par Maurice Nadeau*
2. Une théorie scientifique de la culture *par Bronislaw Malinowski*
3. Malraux, Camus, Sartre, Bernanos, *par Emmanuel Mounier*
4. L'Homme unidimensionnel, *par Herbert Marcuse* (épuisé)
5. Écrits I, *par Jacques Lacan*
6. Le Phénomène humain, *par Pierre Teilhard de Chardin*
7. Les Cols blancs, *par C. Wright Mills*
8. Stendhal, Flaubert, *par Jean-Pierre Richard*
9. La Nature dé-naturée, *par Jean Dorst*
10. Mythologies, *par Roland Barthes*
11. Le Nouveau Théâtre américain, *par Franck Jotterand* (épuisé)
12. Morphologie du conte, *par Vladimir Propp*
13. L'Action sociale, *par Guy Rocher*
14. L'Organisation sociale, *par Guy Rocher*
15. Le Changement social, *par Guy Rocher*
16. Les Étapes de la croissance économique, *par W. W. Rostow*
17. Essais de linguistique générale *par Roman Jakobson* (épuisé)
18. La Philosophie critique de l'histoire, *par Raymond Aron*
19. Essais de sociologie, *par Marcel Mauss*
20. La Part maudite, *par Georges Bataille* (épuisé)
21. Écrits II, *par Jacques Lacan*
22. Éros et Civilisation, *par Herbert Marcuse* (épuisé)
23. Histoire du roman français depuis 1918 *par Claude-Edmonde Magny*
24. L'Écriture et l'Expérience des limites, *par Philippe Sollers*
25. La Charte d'Athènes, *par Le Corbusier*
26. Peau noire, Masques blancs, *par Frantz Fanon*
27. Anthropologie, *par Edward Sapir*
28. Le Phénomène bureaucratique, *par Michel Crozier*
29. Vers une civilisation du loisir?, *par Joffre Dumazedier*
30. Pour une bibliothèque scientifique, *par François Russo* (épuisé)
31. Lecture de Brecht, *par Bernard Dort*
32. Ville et Révolution, *par Anatole Kopp*
33. Mise en scène de Phèdre, *par Jean-Louis Barrault*
34. Les Stars, *par Edgar Morin*
35. Le Degré zéro de l'écriture, *suivi de* Nouveaux Essais critiques *par Roland Barthes*
36. Libérer l'avenir, *par Ivan Illich*
37. Structure et Fonction dans la société primitive *par A. R. Radcliffe-Brown*
38. Les Droits de l'écrivain, *par Alexandre Soljénitsyne*
39. Le Retour du tragique, *par Jean-Marie Domenach*
41. La Concurrence capitaliste *par Jean Cartell et Pierre-Yves Cossé* (épuisé)

42. Mise en scène d'Othello, *par Constantin Stanislavski*
43. Le Hasard et la Nécessité, *par Jacques Monod*
44. Le Structuralisme en linguistique, *par Oswald Ducrot*
45. Le Structuralisme : Poétique, *par Tzvetan Todorov*
46. Le Structuralisme en anthropologie, *par Dan Sperber*
47. Le Structuralisme en psychanalyse, *par Moustafa Safouan*
48. Le Structuralisme : Philosophie, *par François Wahl*
49. Le Cas Dominique, *par Françoise Dolto*
51. Trois Essais sur le comportement animal et humain *par Konrad Lorenz*
52. Le Droit à la ville, *suivi de* Espace et Politique *par Henri Lefebvre*
53. Poèmes, *par Léopold Sédar Senghor*
54. Les Élégies de Duino, *suivi de* les Sonnets à Orphée *par Rainer Maria Rilke* (édition bilingue)
55. Pour la sociologie, *par Alain Touraine*
56. Traité du caractère, *par Emmanuel Mounier*
57. L'Enfant, sa « maladie » et les autres, *par Maud Mannoni*
58. Langage et Connaissance, *par Adam Schaff*
59. Une saison au Congo, *par Aimé Césaire*
61. Psychanalyser, *par Serge Leclaire*
63. Mort de la famille, *par David Cooper*
64. A quoi sert la Bourse ?, *par Jean-Claude Leconte* (épuisé)
65. La Convivialité, *par Ivan Illich*
66. L'Idéologie structuraliste, *par Henri Lefebvre*
67. La Vérité des prix, *par Hubert Lévy-Lambert* (épuisé)
68. Pour Gramsci, *par Maria-Antonietta Macciocchi*
69. Psychanalyse et Pédiatrie, *par Françoise Dolto*
70. S/Z, *par Roland Barthes*
71. Poésie et Profondeur, *par Jean-Pierre Richard*
72. Le Sauvage et l'Ordinateur, *par Jean-Marie Domenach*
73. Introduction à la littérature fantastique *par Tzvetan Todorov*
74. Figures I, *par Gérard Genette*
75. Dix Grandes Notions de la sociologie, *par Jean Cazeneuve*
76. Mary Barnes, un voyage à travers la folie *par Mary Barnes et Joseph Berke*
77. L'Homme et la Mort, *par Edgar Morin*
78. Poétique du récit, *par Roland Barthes, Wayne Booth Wolfgang Kayser et Philippe Hamon*
79. Les Libérateurs de l'amour, *par Alexandrian*
80. Le Macroscope, *par Joël de Rosnay*
81. Délivrance, *par Maurice Clavel et Philippe Sollers*
82. Système de la peinture, *par Marcelin Pleynet*
83. Pour comprendre les média, *par M. McLuhan*
84. L'Invasion pharmaceutique *par Jean-Pierre Dupuy et Serge Karsenty*
85. Huit Questions de poétique, *par Roman Jakobson*

86. Lectures du désir, *par Raymond Jean*
87. Le Traître, *par André Gorz*
88. Psychiatrie et Anti-Psychiatrie, *par David Cooper*
89. La Dimension cachée, *par Edward T. Hall*
90. Les Vivants et la Mort, *par Jean Ziegler*
91. L'Unité de l'homme, *par le Centre Royaumont*
    1. Le primate et l'homme
    par E. Morin et M. Piattelli-Palmarini
92. L'Unité de l'homme, *par le Centre Royaumont*
    2. Le cerveau humain, *par E. Morin et M. Piattelli-Palmarini*
93. L'Unité de l'homme, *par le Centre Royaumont*
    3. Pour une anthropologie fondamentale
    par E. Morin et M. Piattelli-Palmarini
94. Pensées, *par Blaise Pascal*
95. L'Exil intérieur, *par Roland Jaccard*
96. Semeiotikê, recherches pour une sémanalyse
    par Julia Kristeva
97. Sur Racine, *par Roland Barthes*
98. Structures syntaxiques, *par Noam Chomsky*
99. Le Psychiatre, son « fou » et la psychanalyse
    par Maud Mannoni
100. L'Écriture et la Différence, *par Jacques Derrida*
101. Le Pouvoir africain, *par Jean Ziegler*
102. Une logique de la communication
    par P. Watzlawick, J. Helmick Beavin, Don D. Jackson
103. Sémantique de la poésie, *par T. Todorov, W. Empson*
    J. Cohen, G. Hartman et F. Rigolot
104. De la France, *par Maria-Antonietta Macciocchi*
105. Small is beautiful, *par E. F. Schumacher*
106. Figures II, *par Gérard Genette*
107. L'Œuvre ouverte, *par Umberto Eco*
108. L'Urbanisme, *par Françoise Choay*
109. Le Paradigme perdu, *par Edgar Morin*
110. Dictionnaire encyclopédique des sciences du langage
    par Oswald Ducrot et Tzvetan Todorov
111. L'Évangile au risque de la psychanalyse (tome 1)
    par Françoise Dolto
112. Un enfant dans l'asile, *par Jean Sandretto*
113. Recherche de Proust, *ouvrage collectif*
114. La Question homosexuelle, *par Marc Oraison*
115. De la psychose paranoïaque dans ses rapports
    avec la personnalité, *par Jacques Lacan*
116. Sade, Fourier, Loyola, *par Roland Barthes*
117. Une société sans école, *par Ivan Illich*
118. Mauvaises Pensées d'un travailleur social
    par Jean Marie Geng
119. Albert Camus, *par Herbert R. Lottman*
120. Poétique de la prose, *par Tzvetan Todorov*

121. Théorie d'ensemble, *par Tel Quel*
122. Némésis médicale, *par Ivan Illich*
123. La Méthode
1. La Nature de la Nature, *par Edgar Morin*
124. Le Désir et la Perversion, *ouvrage collectif*
125. Le Langage, cet inconnu, *par Julia Kristeva*
126. On tue un enfant, *par Serge Leclaire*
127. Essais critiques, *par Roland Barthes*
128. Le Je-ne-sais-quoi et le Presque-rien
1. La manière et l'occasion, *par Vladimir Jankélévitch*
129. L'Analyse structurale du récit, Communications 8
ouvrage collectif
130. Changements, Paradoxes et Psychothérapie
par P. Watzlawick, J. Weakland et R. Fisch
131. Onze Études sur la poésie moderne
par Jean-Pierre Richard
132. L'Enfant arriéré et sa mère, *par Maud Mannoni*
133. La Prairie perdue (Le Roman américain)
par Jacques Cabau
134. Le Je-ne-sais-quoi et le Presque-rien
2. La méconnaissance, *par Vladimir Jankélévitch*
135. Le Plaisir du texte, *par Roland Barthes*
136. La Nouvelle Communication, *ouvrage collectif*
137. Le Vif du sujet, *par Edgar Morin*
138. Théories du langage, théories de l'apprentissage
par le Centre Royaumont
139. Baudelaire, la Femme et Dieu, *par Pierre Emmanuel*
140. Autisme et Psychose de l'enfant, *par Frances Tustin*
141. Le Harem et les Cousins, *par Germaine Tillion*
142. Littérature et Réalité, *ouvrage collectif*
143. La Rumeur d'Orléans, *par Edgar Morin*
144. Partage des femmes, *par Eugénie Lemoine-Luccioni*
145. L'Évangile au risque de la psychanalyse (tome 2)
par Françoise Dolto
146. Rhétorique générale, *par le Groupe μ*
147. Système de la Mode, *par Roland Barthes*
148. Démasquer le réel, *par Serge Leclaire*
149. Le Juif imaginaire, *par Alain Finkielkraut*
150. Travail de Flaubert, *ouvrage collectif*
151. Journal de Californie, *par Edgar Morin*
152. Pouvoirs de l'horreur, *par Julia Kristeva*
153. Introduction à la philosophie de l'histoire de Hegel
par Jean Hyppolite
154. La Foi au risque de la psychanalyse
par Françoise Dolto et Gérard Sévérin
155. Un lieu pour vivre, *par Maud Mannoni*
156. Scandale de la vérité, *suivi de*
Nous autres Français, *par Georges Bernanos*

157. Enquête sur les idées contemporaines
par Jean-Marie Domenach
158. L'Affaire Jésus, *par Henri Guillemin*
159. Paroles d'étranger, *par Elie Wiesel*
160. Le Langage silencieux, *par Edward T. Hall*
161. La Rive gauche, *par Herbert R. Lottman*
162. La Réalité de la réalité, *par Paul Watzlawick*
163. Les Chemins de la vie, *par Joël de Rosnay*
164. Dandies, *par Roger Kempf*
165. Histoire personnelle de la France, *par François George*
166. La Puissance et la Fragilité, *par Jean Hamburger*
167. Le Traité du sablier, *par Ernst Jünger*
168. Pensée de Rousseau, *ouvrage collectif*
169. La Violence du calme, *par Viviane Forrester*
170. Pour sortir du XXe siècle, *par Edgar Morin*
171. La Communication, Hermès I, *par Michel Serres*
172. Sexualités occidentales, Communications 35
ouvrage collectif
173. Lettre aux Anglais, *par Georges Bernanos*
174. La Révolution du langage poétique
par Julia Kristeva
175. La Méthode
2. La Vie de la Vie, *par Edgar Morin*
176. Théories du symbole, *par Tzvetan Todorov*
177. Mémoires d'un névropathe, *par Daniel Paul Schreber*
178. Les Indes, *par Édouard Glissant*
179. Clefs pour l'Imaginaire ou l'Autre Scène
par Octave Mannoni
180. La Sociologie des organisations, *par Philippe Bernoux*
181. Théorie des genres, *ouvrage collectif*
182. Le Je-ne-sais-quoi et le Presque-rien
3. La volonté de vouloir, *par Vladimir Jankélévitch*
183. Le Traité du rebelle, *par Ernst Jünger*
184. Un homme en trop, *par Claude Lefort*
185. Théâtres, *par Bernard Dort*
186. Le Langage du changement, *par Paul Watzlawick*
187. Lettre ouverte à Freud, *par Lou Andreas-Salomé*
188. La Notion de littérature, *par Tzvetan Todorov*
189. Choix de poèmes, *par Jean-Claude Renard*
190. Le Langage et son double, *par Julien Green*
191. Au-delà de la culture, *par E. T. Hall*

Collection Points

SÉRIE ROMAN

DERNIERS TITRES PARUS

R255. La Revanche, *par Henry James*
R256. Les Années-lumière, *par Rezvani*
R257. La Crypte des capucins, *par Joseph Roth*
R258. La Femme publique, *par Dominique Garnier*
R259. Maggie Cassidy, *par Jack Kerouac*
R260. Mélancolie Nord, *par Michel Rio*
R261. Énergie du désespoir, *par Eric Ambler*
R262. L'Aube, *par Elie Wiesel*
R263. Le Paradis des orages, *par Patrick Grainville*
R264. L'Ouverture des bras de l'homme, *par Raphaële Billetdoux*
R265. Méchant, *par Jean-Marc Roberts*
R266. Un policeman, *par Didier Decoin*
R267. Les Corps étrangers, *par Jean Cayrol*
R268. Naissance d'une passion, *par Michel Braudeau*
R269. Dara, *par Patrick Besson*
R270. Parias, *par Pascal Bruckner*
R271. Le Soleil et la Roue, *par Rose Vincent*
R272. Le Malfaiteur, *par Julien Green*
R273. Scarlett, si possible, *par Katherine Pancol*
R274. Journal d'une fille de Harlem, *par Julius Horwitz*
R275. Le Nez de Mazarin, *par Anny Duperey*
R276. La Chasse à la licorne, *par Emmanuel Roblès*
R277. Red Fox, *par Anthony Hyde*
R278. Minuit, *par Julien Green*
R279. L'Enfer, *par René Belletto*
R280. Et si on parlait d'amour, *par Claire Gallois*
R281. Pologne, *par James A. Michener*
R282. Notre homme, *par Louis Gardel*
R283. La Nuit du solstice, *par Herbert Lieberman*
R284. Place de Sienne, côté ombre
par Carlo Fruttero et Franco Lucentini
R285. Meurtre au comité central
par Manuel Vázquez Montalbán
R286. L'Isolé soleil, *par Daniel Maximin*
R287. Samedi soir, dimanche matin, *par Alan Sillitoe*
R288. Petit Louis, dit XIV, *par Claude Duneton*
R289. Le Perchoir du perroquet, *par Michel Rio*
R290. L'Enfant pain, *par Agustin Gomez-Arcos*
R291. Les Années Lula, *par Rezvani*
R292. Michael K, sa vie, son temps, *par J. M. Coetzee*
R293. La Connaissance de la douleur, *par Carlo Emilio Gadda*